Lena Bredow

Wenn Frauen nicht mehr wollen…

oder

Wenn die Leidenschaft einschläft

asug

Bredow, Lena, D.:
Wenn Frauen nicht mehr wollen... oder: Wenn die Leidenschaft einschläft / Lena D. Bredow. – Offenbach : ASUG; [Norderstedt] : Libri Books on Demand, 2003
ISBN 3-934594-19-0

ASUG-Verlag, Offenbach
Herstellung : Books on Demand GmbH - BoD™ - Norderstedt
Covergestaltung: Petra Schnur, Grafik-Design, Stuttgart
Printed in Germany 2003
ISBN 3-934594-19-0

Inhalt

Vorwort

Totgeschwiegene Missverständnisse werden niemals als solche erkannt. Aus diesem Grund entstand dieses Buch.

Der Grund dafür, mich mit diesem Thema auseinander zu setzen, lag sicherlich in meiner angeborenen Hartnäckigkeit, alles zu hinterfragen, und niemals etwas auf sich beruhen zu lassen.

„Warum Frauen nicht mehr wollen..." ist meine Antwort auf eine wenig gestellte Frage und auf ein stilles Leid.

Die menschliche Entwicklungsgeschichte ist ein unglaublich faszinierendes Thema. Wer aber nicht an den Urknall glaubt und an das sich danach langsam entwickelnde Leben, der wird mit meiner These auch nicht zurechtkommen.

Sollte die Menschheit nämlich von einem einzigen Paar abstammen, dann habe ich keine Erklärung für das Phänomen „wenn Frauen nicht mehr wollen". Für mich schließen sich die evolutionäre Entwicklung der Menschheit und der Glaube an eine höhere Macht keinesfalls einander aus.

Aus Gründen der Fairness erwähne ich an dieser Stelle, dass meine Erkenntnisse im Prinzip aus zweiter Hand stammen. Ich selbst bin weder Anthropologin, Sexualtherapeutin, noch Psychologin oder gar Gynäkologin. Ich war einfach nur eine Betroffene, die sich mit einem großen Dilemma nicht abfinden wollte, und die sich seit ihrer Kindheit für die menschliche Entwicklung und die Mechanismen der Evolution ganz allgemein interessiert.

Aus den vielen Gesprächen, aus den zahlreichen Informationen, die ich im Laufe der Jahre zusammengetragen habe, welche sich in meinem Gehirn abspeicherten, sowie aus meinen eigenen Überlegungen habe ich eine Rechnung erstellt, die in der Addition die (meine) Erklärung ergibt.

Die sich daraus ergebende Theorie ist *für mich* unglaublich logisch, aber sie muss es natürlich nicht für alle Menschen sein.

Den Mut, trotzdem ein Buch darüber zu schreiben, gaben mir andere Betroffene, welche die Zusammenhänge als genauso klar und logisch empfanden, wie ich.

Ich möchte allen Wissenschaftlern, die sich mit der menschlichen Entwicklung beschäftigt und auseinandersetzt haben, und die ihre Erkenntnisse weiter geben, an dieser Stelle danken.

Mein besonderer Dank gilt vor allem auch den vielen Menschen, die mir sehr offen ihre Probleme anvertrauten und die sich nicht scheuten, ihr Intimstes zu offenbaren. Ohne ihre Offenheit würde ich sicherlich noch glauben, nicht normal oder gar krank zu sein. In der heutigen Zeit ist es zwar einfacher geworden, über sexuelle Probleme zu sprechen, aber wenn dabei eigenes Versagen vorausgesetzt wird, wird es schnell wieder zu einem Tabuthema.

Die menschliche Entstehungsgeschichte birgt noch immer unendlich viele Geheimnisse. Niemand weiß genau, was sich in den Millionen Jahren wirklich abgespielt hat, als sich das Leben auf der Erde entwickelte. Die Wissenschaft ist dem zwar auf der Spur und fast täglich werden neue Erkenntnisse geboren und haben sich alte überholt bzw. als falsch erwiesen. Trotzdem bleibt vieles noch graue Theorie.

Die Natur stand und steht niemals still. Unermüdlich hat sie im Laufe der Jahrtausende ihre hervorgebrachten Spezies verbessert, an die äußeren Umstände angepasst und optimiert. Gingen Anpassungen nicht schnell genug, starben ganze Arten aus und verschwanden für immer vom blauen Planeten.

Berufsbedingt habe ich tagtäglich mit dem menschlichen Organismus zu tun. Schaut man sich zum Beispiel den Aufbau eines Kniegelenks an, dann kann man über soviel Perfektion nur ehrfürchtig staunen. Wie clever hat es die Natur doch geschafft, durch das Zusammenspiel verschiedener Sehnen, Bänder, Knorpel und Muskeln zwei Knochen aufeinander zu halten, was dem Menschen irgendwann den aufrechten Gang ermöglichte.

Für die Natur hat die Fortpflanzung allererste Priorität. Die hervorgebrachten Lebewesen erfolgreich zu vermehren und somit zu erhalten, ist der wichtigste Auftrag, den sie zu erledigen hat.

Der Fortpflanzungstrieb ist deshalb auch der mächtigste Trieb, mit dem alle ihre Geschöpfe ausgerüstet sind. Er ist es aber auch, der heute viele Liebespaare in Missverständnisse stürzt.

Der Mensch ist das am höchsten entwickelte Lebewesen. Als einziges Säugetier bildete sich bei ihm das Gehirn ausreichend genug heraus, was es ihm ermöglichte, neben seinen natürlichen Trieben auch die Intelligenz zu entwickeln.

Es sei dahingestellt, ob diese Tatsache für unsere Erde und die anderen Lebewesen von Vorteil ist, oder vielleicht eines Tages den Untergang unseres schönen Planeten bedeutet. Jedenfalls wirft unsere Fähigkeit zu denken Probleme auf, die das Zusammenleben von Mann und Frau in Missverständnisse stürzen kann, von denen andere Lebewesen nicht einmal etwas ahnen.

Der Verstand aber, und das Wissen um die Gründe, sind letztlich ein Ausweg aus dem evolutionären Dilemma, das ich in meinem Buch beschreiben möchte.

Heiko und Sabine

Sabine

Sabine hatte ihre Tage. Als sie am Morgen erwachte, spürte sie dieses unangenehme Ziehen in ihrem Bauch. Einerseits hasste sie die monatliche Blutung, andererseits freute sie sich regelrecht darauf. Heute und in den nächsten Tagen brauchte sie wenigstens kein schlechtes Gewissen zu haben...

Sabine liebt ihren Mann Heiko sehr. Die beiden sind seit fünf Jahren verheiratet. Ihr Söhnchen Kevin rundet das kleine Familienglück ab.

Sabine kannte Heiko erst wenige Monate, als sie bemerkte, dass ein Baby unterwegs war. Heiko war der Mann ihres Lebens, das wusste Sabine vom ersten Augenblick an. Deshalb wurde sie seine Frau ohne den geringsten Zweifel an seiner Seite glücklich zu werden. Kevin wurde fünf Monate nach der Hochzeit geboren und alles schien perfekt. Heiko hatte einen Beruf, der ihm viel Spaß machte, und Sabine ging in ihrer Mutterrolle völlig auf. Sie führten ein sorgenfreies Leben. Sex war für sie und ihren Mann sehr wichtig und immer wunderschön.

Das änderte sich bei Sabine nach ungefähr zwei Jahren.

Es geschah nicht von heute auf morgen, sondern schlich sich eher langsam in ihr Eheleben ein.

Sabine hatte immer seltener Lust darauf, mit Heiko zu schlafen. Sie hatte keine Erklärung dafür, aber ihr sexuelles Interesse an ihrem Mann schien langsam einzuschlafen. Spontan, wie sie früher war, ging inzwischen gar nichts mehr. Heiko schob es auf den Stress mit dem Kleinkind, aber Sabine wusste, dass es eben nicht so war. Ihr Sohn Kevin war ein denkbar liebes Kind und völlig unkompliziert, und sie fühlte sich in keiner Weise überfordert, aber trotzdem...

10

Schon seit einigen Monaten hatte sie nicht mehr die Initiative ergriffen, um mit Heiko zu schlafen. Im Gegenteil! Sie erwischte sich immer öfter bei dem Gefühl, dass sie froh war, wenn er abends auf dem Sofa einschlief und nicht mehr zärtlich werden wollte. War das nicht der Fall, benutzte sie mehr und mehr Ausreden. Bleierne Müdigkeit und die berühmten Kopfschmerzen mussten genauso herhalten, wie eben ihre Periode. Heiko war enttäuscht und die Stimmung zwischen ihnen wurde im Laufe der Zeit immer gereizter.

Sabine plagte deshalb ein permanent schlechtes Gewissen. Dadurch fühlte sie sich nur noch mehr unter Druck gesetzt und das schien den letzten Rest ihrer Lust zu töten.

Das konnte doch alles nicht normal sein? *Sie* war offensichtlich nicht normal. In den ersten Monaten ihrer Beziehung waren sie kaum voneinander los gekommen, hatten ganze Wochenenden zusammen im Bett verbracht. Heiko war ein wunderbarer Liebhaber und sie schlief doch eigentlich gerne mit ihm. Was um Himmels Willen hatte sich plötzlich verändert? Heiko war es jedenfalls nicht. Er war der gleiche gute Liebhaber geblieben. Sabine fand den Sex mit ihm auch nicht langweilig, aber ihr Körper schien einfach nicht mehr auf ihn reagieren zu wollen, sosehr sie es sich auch wünschte.

Konnte es an ihrer Vergangenheit liegen? Vielleicht, weil das „erste Mal" mit einem Mann vor Jahren für sie ein schlimmes Erlebnis war, und sie sehr lange unter dieser großen Enttäuschung litt? Oder hatte sie eine Krankheit von der sie nichts wusste? Heiko nannte sie letzte Woche in seiner Wut und Enttäuschung frigide. Vielleicht hatte er ja Recht, denn wenn seine Hand unter ihre Bettdecke glitt und sie berührte, würde sie am liebsten davonlaufen.

Das ging nun schon fast drei Jahre so. Inzwischen hatten die beiden aufgehört darüber zu reden. Oft schlief Sabine mit Heiko nur um des lieben Friedens Willen. Das wiederum blieb ihrem Mann nicht verborgen und er schämte sich. Die Ehe begann ernsthaft zu kriseln.

Sabine suchte Rat bei ihrem Gynäkologen. Der konnte nichts Körperliches feststellen und riet zu einer Therapie bei einem Psychologen.

Die innere Sperre, die sie empfand, wenn Heiko zärtlich wurde, schien immer größer und mächtiger zu werden. Sabine konnte nicht dagegen ankämpfen und ihr wurde klar, dass die Ehe über kurz oder lang zum Scheitern verurteilt war. Irgendwann würde ihr Mann sich das, was ihm bei ihr fehlte, woanders holen - wenn er es nicht schon tat.

Es ist wie in einen Abgrund springen zu müssen, und gar nicht springen zu wollen...

So beschreibe ich das Gefühl dieser Sperre.

Heiko

Heiko verstand die Welt nicht mehr. Alles könnte so schön, so perfekt sein, wäre da nicht der große Schatten, der über seinem Familienfrieden hing.

Sabine schlief immer seltener mit ihm.

Heiko hatte sich den Kopf zermartert. Als er Sabine kennen lernte, waren sie sexuell das absolute Traumpaar. Es gab damals Wochenenden, die sie zusammen rund um die Uhr im Bett verbrachten, weil sie einfach nicht die Finger voneinander lassen konnten.

Als Sabine schwanger wurde, heiratete er sie. Mit dieser Frau wollte er eine gemeinsame Zukunft aufbauen, mit ihr alt werden und vielleicht eines Tages Enkelkinder auf den Knien schaukeln. Er fand sie als Mensch phänomenal und als Geliebte absolut traumhaft.

Jetzt aber fühlte sich Heiko langsam betrogen.

Die Nächte, die er mit seiner Frau in leidenschaftlicher Umarmung verbrachte, wurden immer seltener. Genau genommen gab es sie gar nicht mehr.

Anfangs hatte er sich keine großen Gedanken gemacht, wenn Sabine mal wieder keine Lust auf ihn hatte. Er schob es auf den Stress mit dem Baby und die Mutterrolle, die für seine Frau neu war. Es würde sich mit der Zeit schon alles wieder einspielen.

Aber nichts spielte sich wieder ein. Im Gegenteil!

Sabine hatte schon lange nicht mehr von selbst die Initiative ergriffen. Wenn Heiko mit ihr schlafen wollte, kam er sich deshalb immer öfter wie ein Bittsteller vor. Es blieb ihm auch nicht verborgen, dass seine Frau oft aus Pflichtbewusstsein mit ihm schlief. Das verletzte ihn mehr als die ständigen Müdigkeits- und Kopfschmerz-Ausreden.

Sein Selbstbewusstsein bekam deutliche Risse. Was machte er nur falsch? Liebte ihn Sabine nicht mehr? Fand sie ihn unattraktiv oder unerotisch?

Hatte sie womöglich einen Anderen?

Wenn er sie danach fragte, dann versicherte Sabine jedes Mal, ihn über alles zu lieben. Ihre Gefühle wären noch genau dieselben wie am Anfang der Beziehung.

Heiko fiel es immer schwerer dies zu glauben, und manchmal wurde er sogar wütend. Wenn sie ihn tatsächlich so sehr liebte, dann würde sie doch auch gerne mit ihm schlafen. So wie am Anfang...

Was war passiert?

Nichts!

Es war nichts passiert, was dieses Einschlafen der sexuellen Lust hätte erklären oder begründen können. Es gab keine anderen Partner, kein frustrierendes Eheleben, keine zermürbenden Streitereien, keine Ungerechtigkeiten, keinen Betrug, keine Lügen und keinerlei Gewalt.

Genau an dieser offensichtlichen Grundlosigkeit verzweifeln viele Frauen und Männer. Sie finden sich nicht damit ab und beginnen Gründe zu suchen, sich zu streiten, sich Vorwürfe zu machen, vielleicht sich zu arrangieren, aber in vielen Fällen auch endgültig zu resignieren.

Woher ich das weiß? Ich habe viele Jahre damit zugebracht in fremde Betten zu schauen. Nicht wirklich natürlich, aber ich habe zugehört. Warum ich das getan habe? Weil ich selbst betroffen war und mich nicht damit abfinden wollte.

Schaut man sich die heutige Scheidungsrate an, dann spricht sie erstens Bände und ist zweitens eine deutliche Prognose, wie hoch die Chancen stehen, das ganze Leben lang mit ein und demselben Partner zu verbringen.

Beschäftigt man sich nun näher mit Trennungen und Scheidungen, dann wird man in den meisten Fällen Gründe wie „Zerrüttung" finden, sich „auseinander gelebt" zu haben oder „Fremdgehen".

Bohrt man nun tiefer, dann ist die Anzahl derer erschreckend groß, die den eigentlichen Ursprung der Zerrüttung, des Auseinanderlebens oder des Fremdgehens, mit der unerfüllten, ehelichen Sexualität erklären.

Und dieser Grund wird erfolgreich totgeschwiegen.

Die Antwort auf die Frage „*Warum*?" ist recht schnell gegeben: Niemand stellt sich gern selbst ein Armutszeugnis aus. Welcher Mann würde wohl am Stammtisch damit prahlen, dass seine Frau nicht mehr mit ihm schläft. Und welche Frau würde, außer ihrer besten Freundin vielleicht, erzählen, dass sie keine Lust mehr auf ihren Mann hat?

Wir sind eine Gesellschaft der Perfektionisten. Das Familienleben sollte exakt wie in einer amerikanischen Serie aussehen. Immer glücklich, immer harmonisch, die Kinder ordentlich und gut in der Schule, der Haushalt und die Wäsche stets klinisch rein, die Karriere nebenbei in trockenen Tüchern und: Im Ehebett jede Nacht die große Leidenschaft.

Woher kommt das? Die Antwort auf diese Frage findet man in der menschlichen Entwicklung.

Wir sind „einfach so gebaut". Genauer gesagt, wir sind genetisch darauf programmiert. Höher, weiter, schneller. Stark und unantastbar, Schwächen möglichst niemals offen zeigen.

Dies sind uralte Gesetzte, die schon in der Steinzeit galten. Heute haben sich nur die äußeren Umstände verändert. Diese Urinstinkte aber liegen noch tief in uns begraben. Sie leiten unser Leben unterbewusst und unbemerkt.

Vieles wird uns schon bei der Geburt mit der Genetik mitgegeben. Wissenschaftler sind sich heute einig, dass sogar wesentlich mehr in den Erbinformationen steckt, als lange Zeit vermutet wurde. Der einzelne Mensch wird zwar auch durch seine individuelle Entwicklung geprägt, aber offensichtlich nicht so stark wie man lange glaubte. Viele Charaktereigenschaften, Talente, Fähigkeiten, ja sogar Verhaltensweisen sind angeboren, und werden von Generation zu Generation mit den Genen weitergegeben.

In jedem von uns schlummern noch die Urinstinkte. Sie beinhalten die Mechanismen, die uns einst beim Überleben halfen. Einen wichtigen Teil dieser Mechanismen, ohne den die Menschheit nicht mehr existieren würde, nenne ich verantwortlich für das Einschlafen der Lust.

Die bis heute erhaltenen Instinkte sind ungemein interessant und werden im Laufe dieses Buches deshalb näher beschrieben. So werden unserer Verhaltensweisen verständlicher und vor allem logischer. Absichtlich vermeide ich lange Ausführungen wissenschaftlicher Untersuchungen. Liebe, Gefühle, ja selbst Treue lassen sich biochemisch auseinander pflücken und erklären. Ich möchte aber beim ganzheitlichen Menschen und seiner interessanten Entwicklung bleiben.

Inzwischen gibt es einige gute Bücher über den evolutionären Einfluss auf unser heutiges Alltagsleben. *„Warum Männer nicht zuhören* *und Frauen schlecht einparken*" vom Autorenpaar *Allan und Barbara Peace* ist eines davon, das sich auf jeden Fall zu lesen lohnt zu. Die beiden haben sich mit den Verhaltensweisen von Paaren beschäftigt, die sich aus den unterschiedlich entwickelten, genetischen Gehirnstrukturen des einstigen Jägers und denen seines sammelnden Weibchens ergeben. Wenn man dieses Buch gelesen hat, dann erkennt man schmunzelnd die Ursprünge der vielen kleinen Missverständnisse in Ehen und Beziehungen.

Auch ich springe immer wieder zwischen der Urzeit und der Gegenwart hin und her, um bestimmte Verhaltensweisen, die sich oft rational nicht erklären lassen, verständlicher zu machen.

Wie ich auf die evolutionäre Schuld der einschlafenden Erotik kam, ist letztendlich auf meine eigene Geschichte zurückzuführen. Deshalb, und um das Vertrauen zu würdigen, das mir in den Jahren meiner Recherche von vielen Menschen entgegengebracht wurde, füge ich sie ein.

Meine eigene Geschichte

Kurz vor meinem 30. Geburtstag heiratete ich Axel. Wir lebten schon vier Jahre zusammen, als ich schwanger wurde.

Kennen gelernt haben wir uns in einer Diskothek. Axel kellnerte dort und war für mich *der* Traummann schlechthin. Gut aussehend, charismatisch, intelligent und humorvoll. Er hatte alles, was eine Frau sich wünschen konnte.

Nach einem halben Jahr zog er zu mir. Wir ergänzten uns in vielen Dingen, passten wunderbar zusammen - auch im Bett. Die Nächte waren erfüllt von Leidenschaft und Zärtlichkeit.

Das blieb auch so, ungefähr die nächsten zwei Jahre. Dann ließ die Leidenschaft nach - bei mir.

Immer öfter hatte ich keine Lust auf Sex. Eigentlich verstand ich es selbst nicht. Axel aber noch viel weniger. Bei ihm schien es genau umgekehrt zu sein. Je weniger Lust ich hatte, umso häufiger wollte er mit mir schlafen. Das setzte mich mehr und mehr unter Druck.

Wie Sabine, so war auch ich schließlich jeden Monat froh, wenn ich meine Periode bekam. Dann hatte ich wenigstens einen „vorzeigbaren" Grund für meine Unlust und das schlechte Gewissen hielt sich für ein paar Tage in Grenzen.

Ich verstand es nicht und begann mir die Fragen zu stellen, die sich so viele Frauen stellen und an denen sie verzweifeln. Hatte sich etwas an meinen Gefühlen verändert? Liebte ich Axel vielleicht gar nicht mehr? Nein! Der Gedanke ihn zu verlieren war mir unerträglich. Ich hatte beschlossen, mit ihm alt zu werden, konnte und wollte mir eine Zukunft ohne ihn einfach nicht vorstellen. Wir passten schließlich wunderbar zusammen, hatten viele gemeinsame Interessen und Visionen.

Lag es vielleicht am Stress? Manchmal fühlte ich mich mit dem Fulltimejob, dem Haushalt und der Erziehung meines achtjährigen Sohnes, der aus meiner ersten Beziehung stammte, schon überfordert. Abends fiel ich oft erschlagen ins Bett und war froh, den Tag beendet zu haben und nichts mehr tun zu müssen. Mit meinem Mann zu schlafen gehörte eines Tages auch zu den Dingen, über die ich froh war, wenn sie erledigt waren oder nicht mehr getan werden mussten.

Lag es an meiner Vergangenheit?

Die vierjährige Beziehung mit dem Vater von Kevin, Toni, zerbrach als der Kleine 18 Monate alt war. Wenn ich genauer darüber nachdachte, fing es damals an zu kriseln, als ich keine Lust mehr hatte, mit Toni zu schlafen. Aber dafür gab es wenigstens eine plausible Erklärung. Die erste Liebesnacht mit ihm glich eher einem Horrorerlebnis als einer Bilderbuchromantik - Entjungferung. Sex wurde für mich schon bald zur lästigen Pflicht.

Als ich mit 19 Jahren schwanger wurde, benutzte ich diesen Zustand als willkommene Ausrede, mich vor Sex mit Toni zu drücken. Ich log und behauptete, der Arzt hätte Geschlechtsverkehr während der Schwangerschaft verboten.

Toni begann mich irgendwann zu betrügen. Ich wusste nichts davon, freute mich auf unser Baby und schloss naiv die Augen vor der Wirklichkeit. Ich öffnete sie erst wieder, als Kevin auf der Welt war und Toni sich überhaupt nicht um mich und das Baby kümmerte. Er kam nur noch zum Wäschewechseln nach Hause, gab unser Geld in Diskotheken und für Frauen aus, und meine Gefühle starben.

Das schlechte Gewissen und die selbst gegebene Mitschuld an dieser Misere hielten mich noch über ein Jahr in dieser Beziehung. Bis ich eines Tages Jürgen kennen lernte.

Jürgen war ein guter Freund meiner jüngeren Schwester. Als ich ihn zum ersten Mal sah, in seine warmen braunen Augen schaute, verliebte ich mich auf Anhieb. Von diesem Moment an war ich hin und her gerissen. Ich wollte den wunderschönen Gefühlen nicht nachgeben, aber sie waren stärker. Eines Nachts landete ich in seinen Armen. Nun lernte ich die Liebe wirklich kennen. Genau wie ich sie mir immer erträumt hatte. Zärtlich, rücksichtsvoll und warm.

Kurze Zeit später gestand ich Toni das Verhältnis und trennte mich von ihm. Er schien nicht sonderlich traurig und verschwand erleichtert aus meinem Leben und aus dem seines Sohnes.

Die Liaison mit Jürgen war kurz und leidenschaftlich. Als wir uns trennten, blieben wir gute Freunde. Aber ich wusste nun, mit meinem Körper und dem Bedürfnis nach Sex war alles in Ordnung. Ich war keineswegs frigide, wie mir Toni so lange vorwarf, bis ich es eines Tages selbst geglaubt hatte. Diese Erkenntnis war ungemein wichtig für mich und damals die Befreiung von einem großen Minderwertigkeitsgefühl.

Jahre der Reife folgten. Ich organisierte mein Leben, wechselte den Job und lernte wirklich auf eigenen Beinen zu stehen. Inzwischen war ich 23 Jahre alt und zufrieden mit mir und meiner kleinen Welt. Männer lernte ich einige kennen, ich hatte auch das eine oder andere Verhältnis, aber eine feste Beziehung wollte ich so schnell nicht wieder eingehen. Bis eben Jahre später Axel in mein Leben trat.

Ich war verliebt wie lange nicht mehr, schwebte im siebten Himmel und war diesmal ganz sicher, den Mann meines Lebens gefunden zu haben. Sex mit ihm war wundervoll. Ich genoss es, in seinen Armen einzuschlafen, morgens darin zu erwachen und vor dem Frühstück ausgiebig Liebe zu machen. Stundenlang konnte ich ihn streicheln, war fasziniert von seinem schönen Körper, liebte die kleinen Härchen auf seiner Brust und seine lässige und sorglose Art, das Leben zu betrachten.

Axel und ich waren sehr glücklich. Kevin verstand sich sehr gut mit seinem Ersatzpapi und die Welt schien aus einer rosaroten Wolke zu bestehen.

Bis eines Tages die Lust auf Axel einfach einzuschlafen begann.

Ich muss schon sehr genau überlegen, wann es begann. Es waren so viele Kleinigkeiten, so winzige Ereignisse und Veränderungen, die aber in der Summe den Tod meines körperlichen Verlangens bedeuteten.

Wenn wir Anfangs noch jede Nacht Sex hatten, so reduzierte sich dies, als die Honeymoon-Phase nach einem halben Jahr des Zusammenlebens langsam vorüber war und dem Alltag wich. Davon war nun keiner von uns beiden überrascht.

Vielleicht glaubt man mit 15 noch daran, dass Leidenschaft ein Leben lang anhält, und das Kribbeln im Bauch niemals enden wird, aber mit 26 wurde man meist schon mehrmals eines Besseren belehrt.

Routine kehrte auch in unsere Beziehung ein. Wir lebten nun schon seit über einem Jahr zusammen und unser Liebesleben beschränkte sich auf vielleicht zwei Mal pro Woche. Es war nach wie vor sehr schön, wenn auch das anfängliche Feuer der Leidenschaft etwas abgeflacht war.

Wenige Monate später wurde aus zweimal pro Woche schließlich einmal. Als unsere Beziehung zwei Jahre andauerte, war es nicht weiter ungewöhnlich, wenn wir eine Woche lang überhaupt keinen Sex hatten.

Das lag allein an mir. Sehr oft war ich zu müde oder einfach nur gestresst. *Wenn* wir in dieser Zeit miteinander schliefen, ging die Initiative immer von Axel aus.

Irgendwann begann er mit diesem Zustand unzufrieden zu werden. Aus den Frotzeleien wurden erst kleine, versteckte Vorwürfe die sich im Laufe der Zeit in offene Kritik steigerten. Je nach Laune und den zeitlichen Abständen zwischen den Liebesnächten, wurden immer öfter Streitereien daraus, denen ich nichts entgegen zu setzten hatte.

„Früher konntest du nicht genug von mir bekommen, und jetzt leben wir fast wie Brüderlein und Schwesterlein zusammen. Was ist los mit dir? Bringe ich es nicht mehr oder war deine Leidenschaft am Anfang nur gespielt. Vielleicht solltest du einmal zum Arzt gehen, das ist doch alles nicht mehr normal!"

Er hatte ja Recht, aber was er damit erreichte war, dass meine Lust fast völlig schwand. Wenn wir abends zusammen schlafen gingen, dann konnte man die Luft über unserem Bett schneiden. Wir waren beide sehr angespannt. Er, weil er hoffte, dass ich vielleicht mal wieder die Initiative ergriff und ich, weil ich hoffte, dass er gleich einschlafen würde. Ich begann länger aufzubleiben.

Meine Gedanken kreisten bald nur noch um dieses Thema. Selbstverständlich gab ich mir die Schuld an der Misere. Axel hatte sich schließlich nicht verändert, mutierte nicht vom zärtlichen Liebhaber zum rücksichtslosen „Drüberrutscher". Er gab mir auch sonst keinen Grund für die innerliche Verweigerung. Seine Unzufriedenheit mit der Situation und seine Vorwürfe waren schließlich verständlich.

Also *musste* es an mir liegen.

Nach schlaflosen Nächten mit schlechtem Gewissen nahm ich mir jedes Mal vor, ihn heute Abend, wenn er nach Hause kommt, wieder einmal richtig zu verwöhnen. Ihn nach allen Regeln der Kunst zu verführen. Ihm damit zu beweisen, wie sehr ich ihn doch liebte.

In den nächsten Jahren nahm ich mir das noch sehr oft vor, aber meist blieb es beim guten Vorsatz. Die innere Sperre, meine Vorsätze in die Tat umzusetzen, war aus unerfindlichen Gründen meist größer, und sie schien zu einer unüberwindlichen Mauer anzuwachsen.

Der erste Wendepunkt kam, als mir eines Tages im Wartezimmer des Frauenarztes ein Artikel über die Antibaby-Pille in die Hände fiel.

Ärzte vermuteten offensichtlich, dass bei jahrelanger Einnahme dieser Hormone die Lust auf Sex bei der Frau verloren ging. Ich war also gar nicht allein. Scheinbar gab es noch mehr Frauen die keine Lust auf ihren Mann verspürten. Für mich eine völlig neue und gleichzeitig verblüffende Erkenntnis. Ich kann mich bis heute daran erinnern, wie erleichtert ich damals über die Tatsache war, dass es offensichtlich *noch andere Betroffene* gab. Bis zu dem Tag war ich wirklich der festen Überzeugung gewesen, dieses Problem gäbe es ausschließlich in meiner Beziehung.

Aber das war ja auch kein Wunder.

Schaltet man den Fernseher ein, so war quer durch alle Programme Sex das große Thema. Ganze Abendmagazine beschäftigten sich offensichtlich mit dem Sexualleben der Deutschen. Überall wurde leidenschaftlich Liebe gemacht und gerne darüber gesprochen. Von Problemen keine Spur, ganz im Gegenteil. Die Regel war das fröhliche miteinander Poppen bis ins hohe Rentenalter.

Ich kam mir oft klein, unperfekt und unnormal vor.

Axels Blicke beim Fernsehen sprachen außerdem Bände. *Siehst du? Du bist nicht normal. Bei allen anderen klappt es, nur bei uns nicht.*

Ich wurde einerseits zerrissen vom schlechten Gewissen aber auch sehr traurig. Axel schien in mir immer mehr das nicht funktionierende Sexobjekt zu sehen. War ich als Mensch denn überhaupt nicht mehr vorhanden? Reduzierte er mich nur noch auf diesen Mangel?

Ich setzte die Pille ab, in der großen Hoffnung, unser Sexualleben würde sich wieder normalisieren und die hormonunterdrückte Leidenschaft wieder zu mir zurückkehren.

Um uns herum heirateten alle Freunde und Bekannten. Ich war ein wenig neidisch. Das Thema Ehe bei Axel anzuschneiden, traute ich mich nicht. Welcher Mann wollte schon sein Leben lang mit einer Frau zusammen bleiben, für die Sex offensichtlich nicht mehr wichtig war?

Die Pille abzusetzen hatte keinerlei Veränderung gebracht, außer der nun monatlich wiederkehrenden Panik, trotz der verwendeten Kondome schwanger zu werden. Vielleicht brauchte der Körper ja auch einige Zeit, bis sich der Hormonhaushalt wieder normalisiert hatte. Ich hoffte inständig, dass es so war.

Dann wurde ich schwanger. Ich hatte die Pille gerade erst ein paar Monate abgesetzt, als es passierte. Laut meinem Zyklus hätte ich zu diesem Zeitpunkt gar nicht schwanger werden dürfen. Das war offensichtlich eine Milchmädchenrechnung. Es gibt keine sicheren Tage. Mit meinen inzwischen fast 30 Jahren hätte ich das eigentlich wissen müssen.

Wir waren beide schockiert. Kevin war nun schon neun Jahre alt, aus dem Wickelalter lange draußen. Und nun erneut ein Baby? Ich war mit meinen Fulltimejob, der Familie und den Haushalt eigentlich vollkommen ausgelastet. Trotzdem entschieden wir uns für das werdende Leben.

Zum ersten Mal sprach Axel von Heirat. Ich war glücklich. Ein großer Traum ging in Erfüllung. Sicherlich würde sich jetzt auch unser Sexualleben normalisieren, so hoffte ich.

Mein Bauch wurde zum zweiten Mal in meinem Leben dick und rund. Wir freuten uns sehr auf das neue Familienmitglied.

Während der Schwangerschaft hatte Axel volles Verständnis, wenn ich keine Lust hatte, mit ihm zu schlafen. Schließlich hatten wir beide eine unübersehbare Erklärung.

Tim wurde geboren. Die Geburt verlief völlig problemlos und nach zwei Tagen war ich schon wieder zu Hause. Die ersten Wochen waren geprägt von chronischem Schlafmangel, Fläschchen kochen und Windeln wechseln... Drei Stunden Schlaf am Stück waren sehr selten und gehörten für die nächsten Monate zum absoluten Luxus. Axel half mir, wo er konnte. Er war ein wunderbarer Vater. Ich liebte ihn sehr.

Im Bett spielte sich nun gar nichts mehr ab. Ich war viel zu erschöpft und nutzte jede Gelegenheit, um Schlaf nachzuholen. An Sex war nicht einmal im Traum zu denken.

Aber auch diese stressigen Zeiten gingen irgendwann vorüber. Tim schlief eines Nachts durch und der Alltag mit dem Baby normalisierte sich. - Aber meine Lust kam nicht wieder.

Sie blieb einfach verschwunden und ich konnte noch so verzweifelt danach suchen, ich fand den Schalter nicht, mit dem ich sie wieder anknipsen konnte.

Unser Sexualleben war nicht ganz gestorben. Wir schliefen zwar, wenn auch sehr selten, immer noch miteinander. Axel gab sich die allergrößte Mühe und verwöhnte mich mit Streicheln und Liebkosen und trotzdem kam die Lust bei mir nur zögerlich, wenn sie sich überhaupt einstellte.

Meine Gedanken kreisten ständig um unsinnige Dinge, während seine Hände zärtlich über meinen Körper glitten. Ich konnte weder abschalten, noch mich entspannen. War es dann vorbei, fühlte ich mich gut.

Nun war Axel zufrieden und ich hatte für ein paar Tage Ruhe vor ihm - und vor meinem schlechten Gewissen.

Ich hatte für ein paar Tage Ruhe vor ihm. Was für eine erschreckende Einstellung.

Sollte das für den Rest meines, - unseres Lebens so weiter gehen? Wie konnte denn eine Beziehung auf Dauer funktionieren, wenn das Sexualleben völlig auf den Nullpunkt geriet? Das schlechte Gewissen als ständiger Begleiter und die üble Laune meines Mannes Normalität? Das waren Aussichten die mir Angst einflössten.

Ich wollte mich nicht damit abfinden. Und überhaupt, was war denn mit meiner Sexualität? Aus, tot und vorbei für immer? Die Leidenschaft gestorben und heiße Nächte nur noch Erinnerung? Nein! Dafür war ich zu jung. Ich beschloss mich dagegen zu wehren. Ich wollte meinen Mann behalten, glücklich mit ihm und unserer Familie werden.

Wenn ich Axel betrachtete, dann wurde mir warm ums Herz. Er hatte einfach einen schönen Körper. Seine leicht gebräunte Haut, seine behaarte Männerbrust, der kleine, aber knackige Po, die schönen, wohlgeformten Männerbeine und die Hände mit den langen schmalen Fingern, die ich doch früher so gerne auf meiner Haut gespürt hatte.

In den ersten Monaten genügte schon ein tiefer Blick von ihm und wir landeten im Bett. Die Lust überkam mich in den ungewöhnlichsten Situationen. Wenn ich ihm beim Billardspielen zuschaute, wenn er in der Küche stand und für uns kochte, wenn ich neben ihm im Auto saß. Es gab kaum einen Moment, indem ich nicht mit ihm schlafen wollte, früher…

Nun gab es keine Situation mehr, und war sie früher noch so erotisch, die bei mir das Feuer der Leidenschaft entzündete. Ganz im Gegenteil. Nahm er mich in seine Arme war die Angst sofort da, er könne jetzt vielleicht mehr wollen und ich wurde stocksteif.

Kam er nackt aus dem Bad und trug sein erigiertes Glied stolz vor sich her, ging ich ihm aus dem Weg. Früher wäre er *so* niemals an mir vorbeigekommen, ohne dass es in einer leidenschaftlichen Umarmung geendete hätte.

All das wollte ich wiederhaben und beschloss, nach der Ursache zu suchen. Notfalls würde ich mich in Therapie begeben um irgendwelche schlechten Erfahrungen zu verarbeiten - sollte die Wurzel des Übels darin liegen.

Wirklich glauben konnte ich das allerdings nicht. Schließlich gab es diese Blockade nicht von Anfang an. Wenn sie tatsächlich mit meiner Vergangenheit zusammenhing, warum trat sie erst nach zwei Jahren auf? Wie dem auch sei, die menschliche Psyche ist rätselhaft und unergründlich, und das Unterbewusstsein mächtig. Der Grund würde dort schon irgendwo zu finden sein.

Den zweiten Wendepunkt nach dem Pillen-Artikel erlebte ich bei einem Gespräch mit einer alten Freundin.

Anne kannte ich schon seit vielen Jahren. Wir lernten uns als junge Mütter an einer Pommesbude kennen, als ich noch mit Toni zusammen war.

Anne war damals glücklich verheiratet. Ich beneidete sie glühend um ihre Ehe. Charly, ihr Mann, und Toni trennten tausend Welten. Annes Mann kümmerte sich rührend um die Familie, ließ seiner Frau alle Freiheiten, übernahm selbstverständlich Aufgaben im Haushalt und in der Kinderbetreuung. Für Toni damals undenkbar.

Ich unternahm viel mit meiner neuen Freundin, und wir verloren uns nie ganz aus den Augen, auch nicht, als ich später Axel kennerlernte und in einen anderen Stadtteil zog.

Als wir uns wieder einmal trafen, war Anne gerade frisch geschieden. Ich konnte es nicht fassen. Die ganze heile Welt zusammengebrochen? Meine Vorbild-Familie gescheitert?

Ich ließ Anne erzählen.

Ihr Mann Charly war zwar ein guter Vater, aber lange nicht ein so guter Ehemann wie ich immer geglaubt hatte. Anne bezeichnete ihn als rücksichtslos und vor allem - dauergeil. Ständig wollte er Sex. In der ersten Zeit ihrer Beziehung fand meine Freundin das auch noch ganz lustig. Es schmeichelte ihr, dass Charly keine Gelegenheit ausließ, um über sie herzufallen. Aber irgendwann begann aus lustig nur noch lästig zu werden. Charlys Trieb schien viel stärker zu sein, als Annes und er ließ bei ihm im Laufe der Beziehung auch nicht nach, im Gegenteil. Hatte Anne keine Lust auf ihn, dann reagierte ihr Mann mit Unverständnis und was noch schlimmer war, nicht selten richtig böse. Hatte er getrunken, und das kam immer öfter vor, dann akzeptierte er kein „Nein" mehr.

Je mehr Charly auf seine Rechte als Ehemann pochte, umso unangenehmer wurde für Anne der Sex mit ihm. Oft schlief sie mit ihm nur, um seine schlechte Laune nicht ertragen zu müssen. Ihren Mann aber kümmerte das wenig. Alle Versuche, mit ihm darüber zu reden, scheiterten. Charly nahm ihre Unlust persönlich, wollte über Gründe nicht nachdenken und überhäufte stattdessen seine Frau mit Vorwürfen.

Anne gab eines Tages auf und verweigerte den Sex total. In ihrer Verzweiflung schlug sie ihrem Mann sogar vor, in Zukunft eine offene Ehe zu führen. Damit gab sie ihm den Freibrief für Sex mit anderen Frauen. Alles war ihr lieber, als die nächtlichen Attacken und die ständigen Vorwürfe und zermürbende Streitereien.

Die Ehe scheiterte unwiderruflich, als der Gynäkologe bei Anne einen gutmütigen Tumor in der Gebärmutter feststellte. Anne war davon überzeugt, dieses Gewächs sei die Quittung für den jahrelangen, erzwungenen Sex. Sie trennte sich von Charly.

Ich dachte über ihre Geschichte nach. Es gab viele Parallelen zu meiner Partnerschaft. Nur Axels Charakter unterschied sich wesentlich von Charlys. Er war weder aggressiv, noch pochte er auf irgendwelche Rechte. Etwas zu erzwingen lag ihm völlig fern. Es gab nächtelange Gespräche, auch heftige Diskussionen die zwar nicht zu einer Lösung führten, die mir aber zeigten, dass mein Mann trotz aller Nörgeleien zu mir hielt.

Eine Aussage von Anne aber ging mir nicht mehr aus dem Kopf: *„Am Anfang fand ich es toll, dass Charly nicht genug von mir bekommen konnte. Ich empfand es als Kompliment. Aber mit der Zeit wurde das lästig".*

Von jenem Tag an, begann ich gezielt zu recherchieren. Zuerst in meinem Verwandten- und Bekanntenkreis. Bei jedem, anfangs noch so allgemeinen Frauengespräch, spitze ich die Ohren nach einem Hinweis der in „meine" Richtung gehen könnte. Kam er dann, lenkte ich das Gespräch auf „mein" Thema und war in der ersten Zeit noch sehr überrascht, wie schnell die Frauen anfingen zu sprudeln.

Es war kaum zu fassen. Überall, und wirklich in jeder Beziehung, dasselbe Phänomen. Allerdings wurde es meist ins Lächerliche gezogen:

„Mein Mann lässt mich keine Nacht in Ruhe, geht mir mit seinem Dauerständer auf den Geist!"

„So viele Zyklen hat normalerweise keine Frau wie ich. Oder die ständigen Kopfschmerzen, nur damit ich ein paar Nächte meine Ruhe habe."

„Seid ihr auch froh, wenn am Sonntagmorgen die Kinder ins Bett kommen, und genau im richtigen Moment, wenn nämlich seine Hand gerade an meinem Busen grabscht?"

„Ja, oder wenn er abends auf dem Sofa einschläft und ich ihn dann liegen lasse, damit ich in Ruhe einschlafen kann?"

Bei solchen Damenrunden wurde ich immer leiser. Ich verstand die Frauen nur zu gut, gleichzeitig aber erschreckte mich die Tatsache, dass sich keine von ihnen wirklich Gedanken über das *Warum* zu machen schien. Erinnerte sich denn niemand an die wunderschöne Zeit des Kennenslernens?

Als die Hände ihrer Männer unter der Bettdecke keine Panik, sondern wohlige Gefühle auslösten. Als so der Beginn eines leidenschaftlichen Sonntagvormittags eingeläutet wurde. Hatten sie denn schon vergessen, wie schön und aufregend Sex sein konnte, und *gerade* am Morgen, wenn die ersten Sonnenstrahlen zwischen den heruntergezogenen Rollos durchblitzten?

Ich konnte mich noch sehr gut daran erinnern, und ich war nicht bereit, mein restliches Leben darauf zu verzichten. Auch Axel wollte ich das nicht antun. Schließlich hatte er ein Recht auf eine leidenschaftliche Frau.

Ich vertiefte meine Recherchen. Noch glaubte ich nicht daran, dass dieses Phänomen wirklich in jeder Ehe und Beziehung auftrat, auch wenn ich in meinem nahen Umfeld schon eines Besseren belehrt wurde.

Ich mag Menschen, finde sie interessant und liebenswert. Eine Eigenschaft, die ich wohl von meiner Mutter geerbt habe, und ich höre sehr gerne zu. Gerade das Zuhören und ernst nehmen meiner Mitmenschen bewog diese, mir von ihren Problemen zu erzählen. Die Sexualität ist in der Regel ein Tabuthema, aber es drückt schwer auf der Seele. Viele Menschen sind deshalb froh, wenn sie endlich jemanden finden, dem sie davon erzählen können, der sie versteht und der zugibt, an denselben Problemen zu nagen.

Mein Beruf als Fitnesstrainerin brachte mir den Vorteil, mit vielen unterschiedlichen Menschen zusammen zu kommen. Durch den persönlichen Kontakt entwickelten sich oft lockere, aber auch festere Freundschaften.

Vier Jahre insgesamt habe ich Informationen gesammelt. Ich habe mich umgehört und nachgehakt. Ich habe mir vermeintliche Gründe von Ehe- und Beziehungskrisen angehört, Erfahrungen ausgetauscht, Trennungen beobachtet, und viel, viel Zeit in Bibliotheken verbracht. Ich habe alles gelesen, was ich zu diesem Thema in die Finger bekam.

Es war schon erschreckend, wie sehr sich die Geschichten glichen, wie ähnlich Beziehungskrisen entstanden und wie sie ihren Lauf nahmen. Völlig egal, aus welchen Gründen das Scheitern der Beziehungen schlussendlich resultierte, begonnen hatte es meist mit demselben Problem:

Die Erotik war gestorben. Und in den allermeisten Fällen geschah dies bei der Frau.

Oft war der Trennungsgrund, weil sich der Mann den fehlenden Sex woanders holte. Aber auch Frauen hatten öfter einen Lover oder mehrere Seitensprünge, als ich jemals vermutet hätte. Sie ließen sich nur weniger dabei erwischen.

Treue Frauen träumten von leidenschaftlichen Nächten mit anderen Männern, ohne diese Träume in die Tat umzusetzen. Die moralische Erziehung und das Risiko, die Familie zu gefährden, hielten sie davon ab.

Und immer wieder diese Unlust in der eigenen Beziehung.

Viele dieser Geschichten glichen sich wie eineiige Zwillinge. Es war schon faszinierend. Manchmal wurde passagenweise in genau den selben Sätzen erzählt. Wenn ich darüber nachdachte, so formte sich in meinem Kopf die Vision von einer ansteckenden Krankheit mit derselben Inkubationszeit, den gleichen ersten Symptomen, dann dem identischen „Ausbrechen des Leidens" mit seinen verheerenden Auswirkungen.

Die vielen Gespräche und Erfahrungen ließen eines glasklar werden: Es *musste eine gemeinsame Ursache geben*. Und die war eben nicht körperlicher oder psychischer Natur.

Ursachen und Erklärungen

Wenn ich mit Frauen sprach, so waren viele davon überzeugt, die Gründe für ihre sexuelle Unlust zu kennen. Über die Jahre hatten sie *die* Erklärungen *für sich* gefunden. Ich habe folgende Hitliste erstellt:

Hitliste der Frauen:

Auf Platz 1:

Ich bin nicht normal, frigide, zu dick, zu dünn, verklemmt, mein Trieb ist unterdurchschnittlich ausgeprägt.

Bei einem neuen Partner würde all das keine Rolle mehr spielen, wetten?

Auf Platz 2:

Sexueller Missbrauch in der Kindheit oder eine Vergewaltigung

Das ist leider viel weiter verbreitet, als es bekannt ist. Bald jede zweite Frau hatte in ihrer Kindheit ein solches Erlebnis. Entweder war es der sexuelle Übergriff des Vaters, des Bruders oder eines anderen nahen Verwandten oder Bekannten. Es ist schon erschreckend was in unserer Gesellschaft totgeschwiegen wird. Frauen, die so etwas erlebt haben, sahen oft darin die Ursache für ihre spätere sexuelle „Störung".

Aber ich habe tatsächlich nicht eine gesprochen, bei der sich das durch die ganze Beziehung zog.

Warum also spielte es am Anfang der Beziehung keine Rolle?

Auf Platz 3:

Der Partner hat sich im Laufe der Zeit verändert. Im Bett passt es einfach nicht mehr. Langeweile ist eingekehrt und viele Auseinandersetzungen haben die Lust getötet.

Hat er sich wirklich verändert oder waren diese negativen Eigenschaften nicht schon immer da, wurden aber in der anfänglichen Leidenschaft gerne übersehen?

Auf Platz 4:

Die Kinder, die Doppelbelastung Haushalt und Karriere, sind schuld.

Stress und Dauermüdigkeit sind der Tod der Lust.

Wenn sich diese doppelt- und dreifachbelasteten Frauen trennten, sich wieder frisch verliebten, minderte der Alltagsstress keinesfalls die frische Leidenschaft

Auf Platz 5:

Schlechte Erfahrung mit dem „ersten Mal."

Die meisten waren der Meinung, problemlos ohne Sex leben zu können, und nichts zu vermissen. Negative Erfahrungen wären Schuld an der gefallenen Schranke zu ihrer Sexualität.

Aber warum war die Schranke am Anfang der Beziehung offen?

Die Hitliste der Ursachenfindung bei Männern ist wesentlich kürzer. Das mag mit der Eigenschaft der Frauen zusammenhängen, Schuld erst einmal grundsätzlich bei sich zu suchen, und auch zu finden.

Hitliste der Männer:

<u>Auf Platz 1:</u>

Meine Frau ist frigide. Sie macht sich einfach nichts aus Sex.

Und wie war sie in der Honeymoon-Phase?

<u>Auf Platz 2:</u>

Mein Schwanz ist zu klein, sie liebt mich nicht mehr.

Ist er kleiner als am Anfang? Wenn sie ihn nicht mehr lieben würde, wäre sie dann nicht schon längst über alle Berge?

<u>Auf Platz 3:</u>

Sie hat einen anderen.

…?

Nein, auch wenn es noch so wichtig ist, Begründungen zu finden, jedes dieser Argumente lässt sich tatsächlich widerlegen. Fakt ist jedenfalls, die Sexualität schläft ein, zumindest war und ist das der Fall bei allen Paaren, die *ich* gesprochen habe.

Ich möchte an dieser Stelle noch ein Wort zur Verallgemeinerung hinzufügen. Damit beuge ich den Argumenten vor, dass man nicht alle Menschen über einen Kamm scheren kann. Jeder ist schließlich ein Individualist, einzigartig und unverwechselbar.

Damit keine Missverständnisse entstehen. Niemand weiß das so gut wie ich. Da ich mich mit diesem Thema intensiv beschäftigt habe, suchte ich natürlich gezielt nach den Paaren, die am Problem der sterbenden Leidenschaft litten. In vielen Fällen fanden sie tatsächlich mich.

Das Phänomen, das es sich offensichtlich immer um denselben Zeitraum handelte, machte mich besonders stutzig. Nach spätestens zwei Jahren war Schluss mit der Erotik. Kam vorher ein Baby zur Welt, dann verkürzten sich diese zwei Jahre tatsächlich noch.

Je nachdem, wie stabil die Ehe war, wie gut sich die Paare in all den anderen Dingen verstanden, desto besser konnten sie mit dieser Situation umgehen.

Ich habe Paare erlebt, die das Problem ganz offen angingen und es thematisierten. Das lag oft auch am unermüdlichen Versuch der Frau, ihrem Mann glaubhaft zu versichern, dass es nichts mit ihm, seinem Können im Bett, der Länge seines Geschlechtsteils, dem dicken „Bier-Bauch" oder der beginnenden Glatze zu tun hat.

Irgendwann geht das Selbstwertgefühl trotz alle Beteuerungen dennoch in den Keller. Über die berühmte Migräne werden von Männern zwar unzählige Witze gerissen, sie übertünchen meist nur den Frust und die Enttäuschung über die scheinbare Zurücksetzung.

Und immer derselbe Zeitraum...

Diese zwei Jahre waren der Schlüssel. Da es sich in den meisten Fällen um genau den gleichen Zeitraum handelte, *musste* es einfach den gleichen Grund dafür geben. Ich bin kein Mediziner, aber das sagte mir mein gesunder Menschenverstand. Alle gesuchten und gefundenen „Erklärungen" der Betroffenen wurden mit dem gemeinsamen Zeitraum hinfällig.

Diese zwei Jahre waren der ausschlaggebende Punkt für meine Überzeugung, dass die Ursachen ganz woanders zu finden sein mussten. So unglaublich viele Parallelen konnten kein Zufall mehr sein, konnten nicht aus den frühkindlichen oder allgemeinen sexuellen Erfahrungen stammen.

Immer der gleiche Zeitraum, immer dieselben Gedanken, immer dieselben Auswirkungen: Unzufriedenheit, Versagensängste, chronisch schlechtes Gewissen, Frust und Trennung.

Es musste zwar ein körperliches Problem sein, und trotzdem keinesfalls eine Krankheit. Es konnte nur mit der menschlichen Entwicklungsgeschichte zusammenhängen.

Seit ich als Fünfjährige meinen Onkel fragte, warum ein Mensch bei Kälte zittert, und er sich viel Zeit für eine ausführliche Erklärung nahm, seit dem faszinierten mich der menschliche Organismus und die Evolution ungemein. Ich glaube, damals wurde mir zum ersten Mal bewusst, dass sich jemand bei der Konstruktion und der Entwicklung des Menschen etwas gedacht haben musste.

In der Tatsache, dass der Körper immer versucht, seine Temperatur von 37 Grad zu halten, dass er, wenn ihm das durch Zittern nicht gelingt, einfach die Durchblutung der unwichtigen Körperteile einstellt, um die überlebens-wichtigen Organe weiterhin mit warmem Blut zu versorgen, lag der Grundstein für mein Interesse.

Alles, wirklich alles, was ich ab jenem Augenblick über die Evolution zu Ohren, und später zu lesen in die Finger bekam, verschlang ich regelrecht. Dieses Thema wurde zu meiner großen Leidenschaft.

Ich begriff schon früh, dass Menschen nichts anderes sind als hochentwickelte Säugetiere. Im Grunde nur unterschieden durch den Verstand, der verantwortlich für unser Sozialverhalten, die Zivilisation und den Fortschritt ist. Mit der Entwicklung unseres Gehirns bekamen wir als einzige Lebewesen die Möglichkeit, unabhängiger als jedes andere Tier von der Natur und ihren Bedingungen zu bestehen. Viele unserer Ur-Instinkte, die uns, als wir noch viel wilder lebten, den Fortbestand sicherten und uns so über die vielen Jahrtausende rettete, haben sich bis heute erhalten.

Nach den wissenschaftlichen Erkenntnissen steht die Wiege der Menschheit in Afrika. Von diesem Kontinent aus konnte er sich erfolgreich über den ganzen Erdball ausbreiten.

Der Mensch - ein Herdentier

Dass wir damals wie heute in Gemeinschaften leben und Familien gründen ist kein Zufall, sondern gehört zu unseren vielfältigen, evolutionären Programmierungen.

Der Mensch ist von Haus aus kein Einzelgänger. Schon seit Urzeiten lebt er in Gemeinschaften und Verbänden. Das Zusammenleben mit Artgenossen sicherte ihm erst das Fortbestehen und hat ihn die letzten Hunderttausend Jahre erfolgreich überleben lassen.

In Ur-Zeiten war der Mensch sogar auf Gedeih und Verderb auf seinen Verband angewiesen. Aber nur wer sich anpassen konnte, lebte sicher in einer Gruppe und durfte darauf hoffen, in dieser Gemeinschaft eine Zukunft zu haben.

Der Jagderfolg hing von der gemeinsamen Strategie ab. Im gemeinsamen Kampf wurden Kriege geführt, neues Jagdland erobert und Feinde in die Flucht geschlagen. Gemeinsam wurden Unterkünfte gebaut und verteidigt. Einer allein hatte kaum eine Überlebenschance.

Schon deshalb war es nicht ungefährlich, Schwächen offen zu zeigen... Sehr schnell wurde man von Stärkeren unterdrückt oder gar aus einer Sippe ausgestoßen. Eine solche Überlebensgemeinschaft *benötigte* vollwertige und funktionierende Mitglieder. War jemand aus irgendeinem Grund nicht mehr fähig, seinen Teil zum Überleben beizutragen, so wurde er von der Gruppe keinesfalls mitversorgt, sondern gnadenlos aussortiert. Das aber konnte den sicheren Tod bedeuten.

Das Zusammengehörigkeitsbedürfnis ist noch heute eine sehr starke, uralte Empfindung. Wenn wir auch inzwischen ganz gut allein zurecht kommen, so spüren wir in bestimmten Situationen - ganz besonders in der Not, dass diese Programmierung noch immer tief in uns schlummert.

Wer schon einmal zu einem schweren Unfall dazukam, kennt die plötzliche Vertrautheit mit wildfremden Menschen. Oder jüngst bei den großen Überschwemmungen. Es rückten plötzlich Nachbarn zusammen, die sich vielleicht jahrelang nicht einmal gekannt haben, oder sogar verfeindet waren. Fehden waren von einer Sekunde zur anderen vergessen, und einem starken Gemeinschaftsgefühl gewichen.

Dieses Zusammengehörigkeitsgefühl lässt auch den Stadionbesucher seinem unbekannten Nebenmann bei einem Sieg um den Hals fallen. Vorausgesetzt, er feuert denselben Verein an. Selbst Menschen, die zu Geiseln wurden, empfinden groteskerweise zu ihren Entführern ein solches Vertrautheitsgefühl. Man spricht vom *Stockholm Syndrom*. Benannt und untersucht nach einer Geiselnahme in einer Bank der gleichnamigen Stadt. Nach ihrer Befreiung konnten die Gefangenen ihre Gefühle nicht mehr nachvollziehen, aber zum Zeitpunkt der Not wurden sie heftigst empfunden.

Die Evolution hat uns mit diesen Gefühlen ausgestattet, weil in der Gemeinschaft, auch in einer derart erzwungenen, das Überleben eine wesentlich größere Chance hat.

Welche Kriterien heute gelten, welche Erwartungen erfüllt werden müssen, um in einer Gemeinschaft akzeptiert zu werden, geben im Kommunikationszeitalter nicht mehr die Stammesältesten oder die Sippenführer vor, sondern tatsächlich die Medien.

Wir sind zu einem Volk von Fernsehschauern geworden.

Die Medien bestimmen, welches Auto uns gefällt, welche Lebensmittel gesund sind, wie wir auszusehen haben, wie rein die Wäsche sein muss, wie wir unsere Kinder erziehen sollen und wie viel mal Sex in der Woche normal und wünschenswert ist.

Durch diese unrealistischen Vorgaben setzten wir uns selbst unter Druck. Gern würden wir allen den Idealen entsprechen, um in der Gemeinschaft integriert, akzeptiert und geachtet zu werden. Ein völlig natürliches, uraltes Verhalten, aber die Realität sieht in den meisten Fällen, und gerade in Sachen Erotik, doch völlig anders aus.

Nämlich so wie bei Heiko und Sabine.

Eigentlich folgen wir mit unserem Ehrgeiz nur den Anleitungen unserer Triebe.

Was sind Triebe?

Triebe sind evolutionäre Programmierungen. Es sind, wenn man so will, eingespeicherte Programme in unserem Hirn-Computer. Programme die so selbstverständlich ablaufen, dass sie uns gar nicht weiter auffallen.

Sie bestimmen aber einen Großteil unserer vielfältigen Gefühlswelt.

Mit Trieben hat uns die Natur ausgestattet, um uns das Überleben zu sichern. Die Fähigkeit, in die Zukunft zu schauen, zu planen und aus Niederlagen zu lernen, resultiert aus der Weiterentwicklung unseres Gehirns. Als wir noch mit der Keule durch den Wald liefen, keine Stimmbänder besaßen und nur affenartige Laute von uns geben konnten, als wir noch erlegtes Wild roh aßen, da war unser Gehirn kaum entwickelt war, wurden wir von den Trieben geleitet. Hätten wir unseren Nahrungstrieb damals nicht gehabt, der uns automatisch zur Nahrungssuche zwang, dann wären wir elendig verhungert.

Der Fortpflanzungstrieb ist verantwortlich dafür, dass wir uns verlieben.

Triebe ruhen noch immer tief in unserem Körper. Wir haben sie nicht mit dem Fell und dem Schwanz abgelegt, nur weil unser Gehirn immer größer wurde.

Natürlich sagt uns heute der Verstand, dass wir ein Baby versorgen müssen, aber die Programmierung lässt uns beim Sprechen mit dem Säugling automatisch den richtigen Abstand zu ihm einnehmen. Er beträgt ca. 20 cm. Diesen Abstand halten auch Kinder ein, wenn sie sich über den Kinderwagen beugen, die nicht wissen können, dass ihr kleines Geschwisterchen noch sehr kurzsichtig ist.

Kleine Mädchen spielen deshalb gern mit Puppen, weil sie so das

Mutter werden üben.

Jungs spielen lieber Fußball, Räuber und Gendarm, Cowboy und Indianer. Sie schärfen damit die Sinne und Muskeln, die sie bis vor (entwicklungsgeschichtlich) kurzer Zeit noch zum Jagen und Kämpfen gebraucht hätten.

Die blitzschnelle Reaktion, unauffälliges anschleichen, laufen und gewinnen waren vor nicht allzu langer Zeit noch überlebenswichtig.

Die Menschheit begann erst Mannschaftsspiele zu erfinden, als die Jagd durch Viehhaltung abgelöst wurde. Heute holt sich der Papa das gemeinsame Erfolgserlebnis nicht mehr durch gejagtes und erlegtes Wild, sondern durch ein Bundesligaspiel.

Beim Sohn ersetzen immer mehr die elektronischen Spiele das - auf Bäume klettern, Umgebungen entdecken, das spielerische Fangen und Jagen.

Sie empfinden bei den virtuellen Spielen vor dem Computer aller-dings die gleichen Gefühle, haben sicher die selbe Hormonaus-schüttung im Blut wie früher beim Fangen- und Versteckspielen, oder noch ein paar Generationen vorher, beim Beute machen.

In der menschlichen Entwicklung wurde nichts dem Zufall überlas-sen. Die Natur arbeitet einfach perfekt bei allen Lebewesen die sie hervorbringt.

Deshalb schaute ich mich auch genauer in der Tierwelt um. Wie hiel-ten es denn die „anderen" Säugetiere mit der Sexualität, und wo lag der Unterschied zu uns Menschen?

Unsere „Mit-Tiere"

Sehen wir uns doch einmal einen Säugetierverband näher an.

In den allermeisten Fällen gibt es *ein* männliches Leittier. Ständig muss es seinen Rang im Rudel gegen Konkurrenten verteidigen. Ist es dabei erfolgreich, hat nur dieses Tier das Recht, die Weibchen zu begatten und mit ihnen Nachwuchs zu zeugen.

Diese strenge Auswahl garantiert der Natur, dass die starken Gene des Männchens weitergegeben werden und somit auch starke und überlebensfähige Nachkommen daraus entstehen. Bei fast allen Säugetieren, die in Rudeln und Verbänden leben, gelten diese strengen Gesetze. Bei ihnen gibt es keine Monogamie. Zwar gibt es einige Arten, wie die Präriemäuse, die ihr Leben lang bei dem Partner bleiben mit dem sie zum ersten Mal Sex hatten, aber sie sind sich nicht gleichzeitig treu.

Sexuelle Treue gibt es höchstens bei Vögeln, und das sind bekanntermaßen keine Säugetiere. Inzwischen weiß man sogar, dass auch die durch Konrad Lorenz berühmte „lebenslange Treue" der Graugänse nicht mehr dem letzten Stand der Wissenschaft entspricht!

Wir Menschen haben den Verstand. Im Grunde ist er aber tatsächlich das Einzige, was uns von der Tierwelt deutlich unterscheidet.

Wissenschaftler sind sich bis heute noch nicht einig, *warum* sich unser Gehirn so entscheidend entwickelt hat. Einige vertreten die These, es liege wohl am aufrechten Gang. Als sich der Ur-Mensch auf zwei Beine erhob, konnte er seine übrigen Pfoten, die er nun nicht mehr zur Fortbewegung brauchte, für andere Dinge benutzen. Er lernte Werkzeuge zu Hilfe zu nehmen, Waffen für die Jagd zu gebrauchen und Unterkünfte zu bauen. Immer mehr Fertigkeiten kamen dazu. So wurde das Gehirn trainiert und er begann sich von den anderen

Tieren um ihn herum zu unterscheiden. Das Erlernte wurde weitergegeben, die Sprache begann sich zu entwickeln und mit ihr das Sozialverhalten.

Das ist eine Theorie von vielen.

Was wir mit den Tieren immer noch gemeinsam besitzen, sind unter anderem die Triebe.

Der Fortpflanzungstrieb sorgte einst dafür, dass wir uns fleißig vermehrten, der Fluchttrieb, dass wir Gefahren instinktiv erkannten und uns rechtzeitig aus dem Staub machten.

Der Betreuungstrieb sicherte, dass wir unsere Kinder nach der Geburt nicht einfach auf dem Boden liegen ließen oder aufaßen.

Genau wie bei unseren vierbeinigen Artgenossen ist der mächtigste der Triebe unser Fortpflanzungstrieb.

Der Natur größter und wichtigster Auftrag ist die Arterhaltung. Sie möchte, dass sich jede Spezies fortpflanzt, überlebt und nicht ausstirbt. Genau darum hat sie Liebe und Sex mit sehr intensiven, mächtigen Gefühlen ausgestattet. Im Grunde nur deshalb, damit wir es auch tun!

Wenn sich heute viele Paare dazu entscheiden, keine Kinder in die Welt zu setzten, so schlafen sie trotzdem miteinander. Sex ist schön und mächtige Emotionen stehen dahinter. Auf die verzichten wir nicht, auch wenn sie nicht mehr der direkten Fortpflanzung dienen.

Auch andere, wichtige Programmierungen wurden von der Natur mit sehr angenehmen Gefühlen belegt.

Essen und Trinken zum Beispiel. Überlebenswichtige Dinge, die wir mit Genuss verbinden.

Der Mensch damals

Früher, vor vielen tausend Jahren, gab es weitaus weniger Menschen auf dieser Erde. Statt, wie heute in bevölkerungsexplodierten Großstädten, lebten sie in kleinen Sippen und Verbänden. Die Männer gingen auf die Jagd. Die Frauen kümmerten sich um die Behausung, sammelten Beeren und Kräuter, sorgten sich um den Nachwuchs und zogen ihn groß. Sie bekamen reichlich davon, denn die Überlebenschancen waren weitaus geringer als in der heutigen Zeit.

Aber noch ein anderer Faktor war damals überlebenswichtig. Gezeugt wurde dieser Nachwuchs primär von starken Männchen. Wie noch heute bei den Säugetieren sicherte diese Auslese die Weitergabe von starken Genen.

Die Vorherrschaft der stärksten Vertreter musste allerdings immer wieder neu bewiesen und gegen andere männliche Konkurrenten behauptet werden.

Monogamie, wie wir sie heute kennen, gab es schon deshalb nicht, weil die Vorherrschaft wechselte. Stärkere gewannen die Kämpfe, rückten in der Rangfolge nach oben und hatten nun das Recht, ihre stärkeren Gene in ihrem Nachwuchs weiter zu geben. Die Kinder wurden in der Regel zwei Jahre gestillt und von der Mutter voll versorgt. Konnten sie danach auch von anderen Frauen der Sippe mitbetreut werden, war die Schonzeit vorüber. Jetzt begann erneut die Suche nach starken, potentiellen und vor allem potenten Erzeugern.

Was zeichnete damals ein starkes „Männchen" aus?

Er war mit Sicherheit ein Anführer, ein erfolgreicher Jäger, ein Kämpfer und ein kräftiger Mann, der Dinge besaß, vielleicht Waffen oder auch Fähigkeiten, die ihn von den anderen Gruppenmitgliedern unterschieden.

Alle Signale, die von ihm ausgingen, mussten auf jeden Fall eines bedeuten: *Ich kann starke und gesunde Babys zeugen. Ich kann dich ernähren. Ich kann dich versorgen und ich kann dich und unseren Nachwuchs verteidigen.*

Die körperlichen Merkmale waren deshalb eine gut ausgebildete Muskulatur, ein V-förmiger Körperbau, der von Kraft und Gesundheit zeugte, von Erfolg im Kampf und bei der Jagd.

Auf diese Körpersignale reagierte Frau mit absoluter Paarungsbereitschaft.

Die Kriterien haben sich bis in unsere Zeit erhalten, auch wenn eine gut ausgebildete Muskulatur bei den Büro-Jägern nicht mehr überlebenswichtig ist, so empfindet „Frau" sie noch heute als äußerst attraktiv.

Was zeichnete für das Ur-Männchen ein begehrenswertes, favorisiertes „Weibchen" aus? Die typischen, weiblichen Rundungen. Große Brüste signalisierten eine reichliche Milchproduktion. Eine schmale Hüfte, die das Becken breiter und somit gebärfreudig erscheinen lässt. Ein runder, großer Hintern bewies die gute Ernährung und somit beste Bedingungen für den Nachwuchs.

Noch heute gelten auch diese Körpermerkmale. Sie sind in unserem Unterbewusstsein gespeichert. In den Jahrhunderten wechselte immer mal wieder der Modegeschmack, aber selbst die fülligen Rubensdamen hielten sich an diese Norm. Ihr Taillenumfang war prozentual im Verhältnis zum Hüftumfang so, dass ihn „Mann" als attraktiv empfinden *musste*.

Wenn auch das Schönheitsideal in Europa heute insgesamt schmaler wurde, so bleiben doch die weiblichen Rundungen, also das Verhältnis von Taille und Hüftumfang, gleich.

Spätestens seit Jennifer Lopez und Shakira ist auch der dicke Hintern wieder in Mode gekommen. Hand aufs Herz, liebe Männer, ihr mochtet ihn doch schon immer.

Am beliebtesten ist der sogenannte Entenpopo, der durch ein Hohlkreuz noch hervorgehoben wird.

Als wir noch auf allen Vieren liefen, war die Begattung von hinten Usus, und der einladende Popo eines Weibchens deshalb das größte Sexual-Signal für die Männchen. So erklärt die Evolution einerseits die Vorlieben der Männer für runde Hintern und andererseits die Vorliebe der Frau für Stöckelschuhe. Stöckeln geht durch die unnatürliche Haltung der Füße nicht ohne Hohlkreuz, und das betont den Popo und den Busen.

Blonde Haare, von Männern bevorzugt, zeugen von einem hohen Östrogenspiegel, also wiederum großer Fruchtbarkeit.

Alle äußeren Merkmale, die wir als attraktiv empfinden, sind in ihrem eigentlichen Sinn Zeichen für die erfolgreiche Vermehrung.

Auch ein dickes Auto und ein gut gefülltes Bankkonto.

Das Streben nach Macht

Die Fortpflanzung blieb nur den starken und mächtigen Männchen vorbehalten, die die Kriterien für die erfolgreiche Weitergabe von starken Genen erfüllten.

In der menschlichen Natur liegt deshalb schon von je her das Streben nach Macht.

Was ist Macht? Macht ist ein Trieb. Ein starkes Bedürfnis, sich von der Masse abzuheben, sich von ihr zu unterscheiden, vor allem aber Vorherrschaft über andere zu gewinnen.

Wie bei allen Trieben, gibt es auch hier Menschen, bei denen der Machttrieb nicht nur besonders ausgeprägt ist, sondern auch in negativen Bahnen verläuft. Vergewaltigern geht es nicht primär um den Sexualakt, sondern um die Macht über einen anderen Menschen. Dieses Gefühl erregt sie, befriedigt ihre fehlgesteuerten Bedürfnisse. Ginge es nur um Sex, dann könnten sie ihren Drang sicher auch auf nichtkriminelle Weise befriedigen.

In positiven Bahnen bedeutet Macht auch Einfluss und Ansehen. Aber im eigentlichen, natürlichen Sinne bedeutet es: *Ich habe das Recht mich zu vermehren.*

Genau dieses Kriterium war in der Natur schon immer die Garantie, ein bzw. alle Weibchen für sich zu gewinnen und sich mit ihnen fortzupflanzen.

Heute sind Besitz und Geld ein Index für Macht.

Je reicher, desto mächtiger die Ausstrahlung. Damit diese Macht nach außen sichtbar wird, zeigt sie das Männchen des 21. Jahrhunderts mit seinen Besitztümern. Ein großes Auto, der teure Anzug oder die wertvolle Armbanduhr sind deutliche Statussymbole, die heute den Rang in der Gesellschaft anzeigen und die den Weibchen zeigen sollen, dass hier ein starker Genträger unterwegs ist.

Auch erfolgreiche Sportler strahlen Macht aus. Siegertypen sind deshalb auch absolute Womenizer. Da gerät das nicht ganz perfekte Aussehen auch gerne in den Hintergrund.

Boris Becker mag es mir verzeihen, aber wenn man sich an den Anfang seiner Sportkarriere erinnert, dann konnte man ihn wirklich nicht als *den* Frauenschwarm bezeichnen. Blass, rothaarig, glubschäugig und mit der erotischen Ausstrahlung eines Borkenkäfers.

Nicht eine seiner späteren, wunderschönen, dunkelhäutigen Frauen hätte bei einer zufälligen Begegnung auf der Strasse auch nur einen Blick an ihn verschwendet. Erst mit den Tennis-Siegen und seinem Bekanntheitsgrad kam auch das Begehrtsein für ihn.

Hier schlägt überall die Evolution zu.

Erfolg bedeutet Stärke, Diese sichtbare Stärke zeugt von starken Genen. Der so ausgezeichnete Genträger wird zum begehrten Favoriten für die Damenwelt.

Diese Gesetze wirken deshalb gleichermaßen für den alternden Millionär und seine junge, attraktive Blondine. Hätte der Greis auch eine Chance bei ihr gehabt, wenn er Herr Müller aus der Kleinbürgerstrasse wäre?

Wohl kaum.

Geld ist Macht. Und Macht machte schon immer erotisch. Und wo bleibt jetzt die Romantik? Aber das ist die Romantik. Die Gefühle, die von der Evolution ausgelöst werden damit wir uns reproduzieren, starke und überlebensfähige Nachkommen gebären, sind die, die wir als romantisch umschreiben. Es sind gleichzeitig die mächtigsten die wir empfinden können, weil es schlichtweg die wichtigste Aufgabe ist, die wir in unserem Leben zu erfüllen haben.

Über diese Gefühle werden Lieder gesungen, Gedichte verfasst, Romane, Dramen und Opern geschrieben.

Aber diese Gefühle haben nun mal den einen, ursprünglichen Sinn, uns nicht aussterben zu lassen.

Die junge Frau verliebt sich tatsächlich in den greisen Millionär, denn er signalisiert auch ihr Macht und Stärke, die an den Nachwuchs durch die Gene weitervererbt werden.

Und genau dies ist eben noch immer der große Auftrag der Natur. Starke und überlebensfähige Nachkommen zu produzieren.

In vielen Teilen der Welt, die bis heute von Armut und Hunger beherrscht werden, ist die Geburtenrate höher als in den reichen Industrienationen. Eigentlich müsste es doch umgekehrt sein. Aber in diesen armen Ländern ist die Kindersterblichkeit auch dementsprechend höher als in den Wohlstandsländern. Will heißen: Wo der Fortbestand der Art gefährdet ist, werden wesentlich mehr Babys produziert. In armen Ländern bedeuten Kinder noch heute Reichtum. Sie sind oft die einzige Altersvorsorge für die Eltern.

Die Natur sieht uns nicht als Individuen. Für sie sind wir eine erfolgreiche Art, die sich über Jahrtausende entwickelt hat. Die die Fähigkeit hatte, sich immer wieder an veränderte Lebensbedingungen anzupassen und die es schließlich geschafft hat, durch die Intelligenz sich ein Stück weit unabhängig zu machen. Aber nur ein Stück weit.

Wie mächtig die Natur eingreift, sieht man unter anderem an der Tatsache, dass nach den beiden Weltkriegen wesentlich mehr Jungen zur Welt kamen als Mädchen. Die Natur schaffte so den Ausgleich für die massenweise gefallenen Soldaten. Hätte sie das nicht getan, gäbe es einen nicht mehr einholbaren Frauenüberschuss. Tatsächlich beläuft sich das Verhältnis relativ ausgewogen. In Deutschland besteht die Bevölkerung zu 45 % aus Männern und zu 55 % aus Frauen.

Als ich mich in die Recherche vertiefte, kamen mir oft Zweifel. Wenn man immer mehr die Natur und ihre Mechanismen begreift, beginnt man sich irgendwann zu fragen, ob man nun wirklich nur eine triebgesteuerte, funktionierende Maschine ist.

Manchmal beschäftigte mich dieser Gedanke so sehr, dass ich den Computer abschaltete und beschloss, nicht eine Zeile weiter zu dem Thema zu schreiben. Das ist auch der Grund, warum dieses Buch Jahre brauchte, um endlich fertig gestellt zu werden.

Was mich dann trotzdem bewog, meine Untersuchungen fortzusetzen, waren die Missverständnisse in Ehe und Beziehungen und die Schicksale, die daran hingen und mit denen ich immer wieder konfrontiert wurde.

Hier ging eine Ehe in die Brüche, dort eine langjährige Beziehung auseinander, Kinder wurden zu Scheidungswaisen, Frauen depressiv, Männer wütend.

Ich glaube zwar nicht, dass meine Ergebnisse die Scheidungs- und Trennungsrate ändern werden. Das wäre mehr als vermessen, aber vielleicht erreiche ich wenigstens, dass die Schuldgefühle, der Frust, die Angst und die Wut bei einer größeren Zahl von Betroffenen durch Verständnis und Rücksicht abgelöst werden.

Perfektionismus und Selbstzweifel

Viele Menschen sind in der heutigen Zeit so „gebaut", dass sie Fehler immer zuerst bei sich selbst suchen. Funktioniert etwas nicht, egal ob beruflich oder privat, fühlen sie sich sofort schuldig. Wir Frauen sind besonders davon betroffen.

Woran liegt das?

Das Selbstvertrauen und vor allem das Selbstwertgefühl ist meist im Keller.

Warum?

Weil wir alle einen Hang zum Perfektionismus haben. Ob Zeitschriften oder Fernseher. Wir orientierten uns schon immer an dem, was wir *sehen* und wir ahmen es seit den Urzeiten nach. Damals waren es die Horden- oder Sippen-, später die Stammesführer, welche die Vorbildfunktion hatten. Heute bekommen wir jeden Tag ins Wohnzimmer serviert, wie wir sein müssen, wie wir auszusehen haben und wie wir leben sollen.

Durch die Medien sehen wir tagtäglich und allabendlich schöne und perfekte Menschen. Erfolgreiche Manager, Sportler, Showmaster und Sänger, Models und Moderatorinnen, vielleicht auch Politiker, haben die erfolgreichen Führer aus unseren Jäger- und Sammlerzeiten als Idole abgelöst.

Anstatt uns an unseren ganz normalen Mitmenschen zu messen, denen es auch nicht besser geht, orientieren wir uns am Werbefernsehen und an Kino Filmen. Sie sind es, die scheinbar zur Realität werden, gerade *weil* wir sie sehen.

Könnten wir in die Wohn- und Schlafzimmer unserer Nachbarn

schauen, wäre der Anspruch an uns selbst nicht mehr so hoch und das Gefühl, als einziger dieser Welt zu versagen, gäbe es garantiert nicht.

In der Werbung springt eine attraktive, dynamische Dame morgens aus dem Bett. Sieht super jung und hübsch aus, obwohl sie gerade erst aus den Federn gekrochen ist. In einem türkisfarbenen Kostüm hüpft sie durch den türkisfarbenen Tag, immer gut gelaunt, schlank und selbstbewusst, äußerst erfolgreich im Beruf. Abends, wenn sie nach Hause kommt, nimmt sie ihren wunderschönen Mann und die zwei Kinder in die Arme, setzt sich vor den offenen Kamin im eigenen Luxushaus und sieht noch genauso attraktiv aus wie am Morgen. Dabei schlürft sie, bewundert von ihrem schönen Ehemann, aus einer türkisfarbenen Tasse ihren Kaffee. Die Nacht endet dann, wie alle anderen davor, in einer leidenschaftlichen Umarmung.

Und die Realität?

Morgens steht Frau auf, das Spiegelbild zeigt leider deutlich die Spuren des Alltags-Stresses. Unter der Dusche wird der Blick nach unten auf die Reiterhosen und die Cellulite vermieden. Es fehlt einfach auch die Zeit dazu. Das Frühstück für den bierbäuchigen Gatten und die zwei Kinder, die sich lauthals streiten, will schließlich bereitet werden. Die Hetze in den Tag beginnt. Teilzeit-Job, Kochen, Hausaufgabenbetreuung, Putzen, Einkaufen. Abends tot aufs Sofa fallen, statt entspannt vor den Kamin zu sitzen. Nachts die Hände des Ehemannes abwehren und dafür wieder einmal seine schlechte Laune ertragen.

Und die Männer? Genauso betroffen vom Perfektionismus.

Der Werbespot:

Man(n) hüpft morgens sportlich aus dem Bett, läuft mit dem Akkurasierer durch sein riesiges Haus. Der Kaffe kommt aus einer futuristisch gestylten Maschine. Beschwingt steigt er in sein luxuriöses Auto. Die Aktentasche locker auf den Beifahrersitz werfend, fährt er in die Firma, in der er natürlich ein erfolgreicher, weil vollhaarig und waschbrettbäuchiger Chef ist. Abends bekommt er in einem exklusiven Club reihenweise Zettelchen mit Telefonnummern von wunderschönen Models zugeschoben. Mit dem Bier in der Hand zeigt sein immer gut gelauntes Grinsen, das die makellos weißen Zähne vorteilhaft zur Geltung bringt, diese Nacht wird für ihn, wie immer, nicht allein im Bett enden.

Und die Realität?

Mann steigt morgens unausgeschlafen aus dem Bett. Er rasiert sich nass unter der Dusche. Schaut er dabei nach unten, lässt der Bierbauch nur noch ahnen, wie „sein bester Freund da unten" aussieht. Die Laune ist schlecht, denn dieses Ding benutzt er seit langem ausschließlich zum pinkeln. Dann steigt er in seinen Mittelklasse-Wagen, der für die nächsten drei Jahre noch ratenweise von seinem ohnehin chronisch dünnen Konto abgebucht wird. Der Chef im Büro macht Stress, die Arbeit ist schon wieder im Verzug. Also erneut unbezahlte Überstunden, die wenigstens den einen Vorteil bieten, ihn für zwei Stunden vom Gezanke der pubertierenden Kinder zu verschonen. Abends zu Hause schließlich das Bier auf dem Sofa und die Champions League als einzige Freude an diesem Tag. Dabei wird das gelangweilte Gesicht der geliebten Ehefrau in Kauf genommen, denn die wird heute Nacht sowieso wieder Migräne haben.

Zugegeben, übertrieben. Aber Hand aufs Herz, Ähnlichkeiten sind doch vorhanden. Man kann schon fast nicht anders, *muss* sich direkt als Versager(in) fühlen.

Die Werbe- und Filmemacher aber werden den Teufel tun und die Normalität zeigen. Die Produkte würden nämlich garantiert *nicht* verkauft werden. Stellen wir uns einmal vor, das neue Deodorant wird von einer dicken, bebrillten Fünfzigjährigen unter die behaarten Achseln aufgetragen. Wie viel Chancen hätte es wohl, sich auf dem Markt zu behaupten?

Nein, wir Menschen lieben nun mal schöne Dinge, die unseren Augen schmeicheln. Deshalb werden im Werbefernsehen Cremes gegen Krampfadern auch weiterhin an makellose Beine geschmiert.

Der Mensch *braucht* Ideale und Vorbilder, an denen er sich orientieren kann, denen er nacheifert.

Dieses Verhalten ist so alt wie die Menschheit selbst. Wäre das nicht schon immer eine unserer Programmierungen gewesen, würden wir noch heute keulenschwingend durch den Wald laufen. Wir hätten uns niemals weiterentwickelt. All unsere Fertigkeiten resultieren aus „abschauen" und sind so mitverantwortlich für den Fortschritt.

Die Norm

Die Angst, nicht der Norm zu entsprechen, die Anforderungen nicht erfüllen zu können, kommt sicher noch aus der Urzeit und ist tief in uns verwurzelt. Heute lässt es das große Schweigen über unsere scheinbaren Schwächen zu.

Nur unübersehbare „Mängel", die sich nicht so einfach verstecken lassen, werden zumindest von Erwachsenen offen diskutiert. Haben wir zum Beispiel nicht die idealen und verlangten, modellartigen Körpermaße, dann lässt sich das nicht unsichtbar machen. Jetzt wird darüber geredet. Man holt sich Tipps, macht Diäten, schluckt Pillen oder geht gleich zum Chirurgen.

Aber Mängel, die nicht sichtbar sind, werden gerne totgeschwiegen. Eine uralte Angst, den Anforderungen einer Gesellschaft nicht gerecht zu werden.

In Urzeiten wurden unproduktive Mitglieder einer Gruppe gnadenlos aussortiert, wenn sie zum Überleben nichts - oder zu wenig beitragen konnten. Sie hätten sonst unter Umständen das Fortbestehen des ganzen Verbandes in Gefahr gebracht.

Wie schmerzlich dieses Gefühl des Ausgestoßenwerdens ist, kennt jeder, der schon einmal entlassen wurde. Auch wenn man an der Misere keine Schuld trägt, wird dennoch das Selbstwertgefühl bitter in Frage gestellt. Man fühlt sich aussortiert, minderwertig und disqualifiziert.

Dass das Ausstoßen Schwächerer, die nicht der Norm einer Gruppe entsprechen tief in unseren Genen steckt, wird auf dem Schulhof deutlich sichtbar. Scheinbar schwächeren Mitschülern werden gehänselt. Dicke und Brillenträger sind noch heute die bevorzugten Opfer.

Die Brille ist das deutliche Zeichen einer körperlichen (Seh-) Schwäche, genau wie die Fettsucht. Fragt man nun einen vorlauten Drittklässler, warum er denn seinen Mitschüler mit Brillenschlange oder Fettkloß beschimpft, dann wird er es nicht erklären können. Mobben von Schwachen steckt in unserer Genetik, gehörte einst zum Überleben.

Männer sprechen nur dann gerne von ihrer Sexualität, wenn sie eine erfolgreiche Eroberung gemacht haben. Ein langjähriger Ehemann aber wird eher selten von der Tatsache berichten, dass seine Frau ihn nicht mehr ranlässt. Es würde einer selbstdisqualifizierenden Aussage gleichkommen wie: Ich bringe es nicht mehr. Mein Schwanz ist zu klein, ich bin ein Versager. Sortiert mich aus.

Wir waren schon immer angewiesen auf die Gemeinschaft. In harten und kargen Zeiten hing das Überleben von ihr ab. Jeder für jeden, alle für alle. Man half sich gegenseitig, rettete sich so durch die Jahrtausende.

Ausgestoßen zu werden, aus einem Verband, bedeutete oft den sicheren Tod.

Noch vor einigen tausend Jahren wäre der Mann jedoch niemals in die Situation geraten, zugeben zu müssen, dass sein Weibchen nicht mehr mit ihm schlafen will. Treue gab es schon wegen der Inzuchtgefahr nicht und die Moral war noch nicht geboren.

Woher nun die Moral kommt, wem sie etwas nutzt, wann die Menschen begannen, monogam zu leben, und somit eigentlich völlig gegen ihre Natur, bleibt Diskussionssache. Sicherlich haben die Religionen den Hauptteil dazu beigetragen, dass sich die monogame Beziehung irgendwann rund um den Erdball durchsetzte. Heimlich fremdgegangen wird trotzdem überall und gleichermaßen.

Im Grunde befriedigt das einen uralten, menschlichen Trieb. Im

Zeitalter der Empfängnisverhütung, dient er aber sicher nicht mehr nur der erfolgreichen Fortpflanzung.

Unbestritten ist auch, dass es immer noch als verwerflicher gilt, wenn die Frau den Mann betrügt, als es umgekehrt bewertet wird.

In islamischen Ländern ist man mancherorts noch heute unerbittlich mit Frauen, die ihre Männer betrügen. Der Gesichtsverlust des gehörnten Ehemannes kommt dort dem Tod gleich und bedeutet oft denselben für die betrügende Ehefrau. Nicht selten durch die Hand ihrer Männer oder sogar ihrer eigenen Väter, denen sie mit dieser Tat große Schande bereitet haben. In einigen arabischen Ländern werden untreue Frauen gesteinigt, eingemauert, im Pool ertränkt oder im günstigsten Fall aus der Familie ausgestoßen.

Selbst in Sizilien war der männliche Eifersuchtsmord bis vor kurzem fast ein Kavaliersdelikt, der manchmal sogar von den Eltern des Opfers akzeptiert wurde.

Vor Gericht wurde in diesen Fällen das totale Aussetzen des Verstandes, also der Sieg des Triebes bescheinigt. Auch wird die männliche Eifersucht schon von Haus aus anders gewertet. Man attestiert Männern einen viel größeren Schmerz.

Mordet eine eifersüchtige Frau, so wird sie in der Regel wesentlich härter bestraft. Das liegt unter anderem am Gesetzestext. Der mildernde Umstand des Affekthandelns ist bei ihr in der Regel nicht gegeben, kann gar nicht geltend gemacht werden. Frauen sind schon durch die körperliche Unterlegenheit eher nicht in der Lage, die betrügenden Ehemänner im Affekt zu ermorden. Sie müssen einen solchen Mord schon planen. Somit fallen alle mildernden Umstände auf Grund des „gegebenen Vorsatzes" weg.

Eifersucht und Evolution

Eifersucht ist ein stechender Schmerz, ein sehr intensives und schmerzliches Gefühl. Eifersucht setzt auf jeden Fall eines voraus: Besitzanspruchsdenken.

Ich bin sicher, dass die Eifersucht eine genetische Programmierung ist, und somit schon immer existierte. Sie ist eine wichtige Empfindung und noch heute untrennbar mit einer Partnerschaft verbunden. Der Ur-Mann verteidigte seine Favoritin gegen ständig lauernde Rivalen. Auch die Ur-Frau teilte ihren starken Genträger nicht gerne mit anderen Weibchen. In einem Verband gab es sicher schon das Konkurrenzdenken. Die Weibchen waren bemüht, sich als erfolgreiche Mütter zu behaupten.

Heute nennen es böse Zungen „Stutenbissigkeit". Viele, innige und jahre-lange Frauenfreundschaften gehen auseinander, wenn es um die Eroberung des gemeinsamen Favoriten geht. Das Phänomen, dass sich Freundinnen oft in den selben Mann verlieben und so plötzlich zu Konkurrentinnen werden, lässt sich damit erklären, dass er für beide die Kriterien des stärksten Männchens erfüllt.

Bei meiner Recherche habe ich einige Male erlebt, dass sogar Frauen, die sich von ihrem Mann getrennt hatten, und wieder eine neue Partnerschaft eingegangen waren, von heftigen eifersüchtigen Gefühlen geplagt wurden, wenn sie erfuhren, dass sich ihr „Ex" einer neuen Frau zugewandt hatte.

Rational nicht zu verstehen. Aber Gefühle lassen sich oft nicht rational erklären, wenn man ihren ursprünglichen Sinn nicht kennt. Das mächtige Gefühl der Eifersucht hat sehr oft schon die Sexualität und Leidenschaft wieder zurück in eine Ehe oder Partnerschaft gebracht.

Aus vielen Berichten weiß ich, dass eine betrogene Ehefrau wieder sexuell auf ihren Partner reagierte, auch wenn dies viele Jahre vorher nicht mehr der Fall war.

Wieder schlägt die Evolution voll zu und schaltet das Gehirn ab.

Ich erkläre dieses Phänomen so: Der Mann wird für die Frau wieder als „stärkstes Männchen" interessant. Offensichtlich wird er ja von anderen Frauen sehr begehrt. Genau das löst die Signale aus, die von der Natur eingerichtet wurden, um ihn als starken Genträger zu favorisieren. Die alten Gefühle erwachen zu neuem Leben. Deshalb spielen Männer und Frauen auch gerne mit der Eifersucht. Beide Geschlechter kennen den Effekt, dass man mit dem Eifersüchtigmachen einen gleichgültigen Partner schnell wieder an seine Seite bringt. Aber in den meisten Fällen ist die zurückgekehrte und aus Eifersucht resultierende Leidenschaft nicht von Dauer. Der Verstand scheint über die Situation zu siegen, oder die Natur erkennt ihren Irrtum.

Männer, die von ihren Frauen betrogen wurden, erzählten mir, dass der *Drang* mit ihrer untreuen Frau zu schlafen fast *übermächtig* war. Auch wenn sich der Verstand lieber vor ihr ekeln wollte.

Und was sagt die Evolution dazu?

Der Mann, der den unwiderstehlichen Drang verspürt, seine untreue Ehefrau zu besteigen, möchte damit nichts anderes, als seinen Konkurrenten übertrumpfen und ihm zeigen, wer das stärkste Männchen im Rudel ist.

Oft aber ist Untreue, wenn auch vorerst verziehen, der erste, in den Beziehungssarg geschlagene Nagel.

Der weibliche Trieb und seine traditionelle Unterdrückung

Um dem Betrugsfall von vornherein vorzubeugen, gibt es in afrikanischen Ländern noch furchtbare Traditionen.

Kleine Mädchen werden unter lebensgefährlichen unhygienischen Bedingungen beschnitten. Ihnen wird die Klitoris entfernt, die äußeren Geschlechtsorgane, also große und kleine Schamlippen, und das oft mit einer schmutzigen Glasscherbe.

Der Eingang der Scheide wird bis auf ein kleines Loch zugenäht und erst unmittelbar vor der Hochzeitsnacht wieder aufgetrennt. In Großstädten besorgen dies sogar Ärzte. Selbst in Frankreich wird dieser „Service" von zweifelhaften Gynäkologen für die Töchter afrikanischer Auswanderfamilien angeboten.

Ich behaupte nun, dass man mit diesen entsetzlichen Traditionen nichts anderes erreichen möchte, als den *weiblichen Trieb zu unterdrücken.*

In islamischen Ländern werden die Frauen zu diesem Zweck unter dem Deckmantel der Religion bis zur Unkenntlichkeit in Tücher gehüllt. Oft sind nicht einmal die Augen zu sehen. Sie sollen so den Männern treu und untergeben bleiben.

Diese Menschen müssen, wenn sie die Freiheiten der westlichen Welt kennen lernen, die Bestätigung für ihr Handeln bekommen. Hier leben Mädchen und Frauen mehr oder weniger unbekümmert ihren Trieb aus. Die Entwicklung in Europa ist in den letzten Jahrzehnten rasant fortgeschritten. Schon seit einigen Generationen ist es in Deutschland keine Schande mehr, die Jungfräulichkeit weit vor der Ehe zu verlieren.

Es erwartet sicher kein Mann mehr eine „unberührte" Frau vorzu-
finden, wenn er seine Eroberung aus der Diskothek für einen one-
night-stand nach Hause schleppt.

Hört man von Trieben, dann ausschließlich von den männlichen. Bei
ihnen scheinen sie eine Selbstverständlichkeit zu sein. Allerdings ist
der starke männliche Trieb oft mit negativen Schlagzeilen behaftet. Er
lässt manche Männer schließlich zum Vergewaltiger werden, zum
Kinderschänder, zum Mörder.

Von einem weiblichen Trieb hört man so gut wie nie etwas. Daraus
ließe sich schließen, Frauen hätten keinen. Aber genau das stimmt
nicht. Natürlich haben Frauen einen Trieb, sonst würden sie sich nie
verlieben, keinerlei Lust auf Sex empfinden und keine Kinder bekommen.

Der weibliche Trieb ist mindestens genauso mächtig wie der männliche. Er ist nur nicht ständig in den Schlagzeilen, weil den Frauen im
Zusammenhang mit ihrem Trieb die Gewaltbereitschaft fehlt.

Sie brauchten nie zu kämpfen und zu jagen. Die Verteidigung der
Sippen, das Krieg führen und Beute erlegen wurde den stärkeren
Männchen überlassen. Die Weibchen waren zuständig für den Nach-
wuchs und für das Sammeln von Beeren und Früchten.

Für die männliche Ausbildung des Gehirns ist das Hormon Testosteron zuständig. Testosteron lässt Muskeln wachsen und wird auch
als sogenanntes Gewalthormon bezeichnet. Dieses Hormon ist mitverantwortlich, dass sich Männer bis heute prügeln, dass sie den besseren Orientierungssinn haben, sicherer rückwärts einparken und
Fußballspiele lieben.

Testosteron wird im Frauenkörper kaum gebildet. Deshalb sind
Frauen im Schnitt wesentlich „friedlicher" als ihre männlichen Zeit-
genossen. Deshalb hört man auch eher selten etwas über weibliche

Massenschlägereien.

Natürlich gibt es auch kämpferische und aggressive Frauen. Würde man ihr Blut untersuchen, so würde sich sicher zeigen, dass sie einen überdurchschnittlich hohen Testosteronspiegel haben.

Der Körper ist tatsächlich in der Lage, Frauen, wenn nötig, vermännlichen zu lassen. Im Bodybuilding kennt man dieses Phänomen zur Genüge, und nutzt es auch aus. Trainieren die Damen hart, belasten sie ihre Muskeln regelmäßig mit hohen Gewichten, werden nun mehr männliche Hormone im Körper produziert. Eine, von der Evolution eingerichtete Fähigkeit.

Der Körper ist der Meinung, die Damen müssen dauerhaft harte, körperliche Arbeit verrichten, und er hilft ihnen dabei, indem er sie zu Männern mutieren lässt.

Der Körper der Frau bekommt eine männliche Form, die Brüste schrumpfen, die Muskeln treten kräftig hervor, die Stimme wird dunkler und im Gesicht bildet sich ein Flaum (und jede Menge Pickel). In extremen Fällen bleibt schließlich die Periode aus.

Das wiederum ist ein schlauer Mechanismus der Natur und das Resultat der von ihr angekurbelten Produktion männlicher Hormone. Lapidar ausgedrückt ist die Natur der Meinung, eine so schwer arbeitende Frau ist nicht mehr in der Lage, sich um Nachwuchs zu kümmern. Sie werden unfruchtbar.

Hören die Frauen mit dem Sport auf, macht die Natur die Vermännlichung rückgängig und die weiblichen Hormone bekommen wieder die Oberhand.

Frauen, die genetisch bedingt überdurchschnittlich viele männliche Hormone bilden, haben oft ein festes Gewebe, wenig Cellulite und größere Schwierigkeiten, schwanger zu werden.

Werden sie es doch, dann straft sich der Segen, niemals Orangenhaut gehabt zu haben sehr schnell. Die feste, sehr männliche Gewebsstruktur kann sich oft nicht so schnell dehnen wie der Baby-Bauch wächst, und es beginnt zu reißen: Schwangerschaftsstreifen.

Zurück zum weiblichen Trieb.

Schon die Orgasmusfähigkeit wurde den Frauen viele hundert Jahre, eigentlich bis vor kurzem, einfach abgesprochen. Kein Wunder also, dass man vom weiblichen *Sexualtrieb* überhaupt nichts hörte und bis heute wenig hört.

Aber es gibt ihn, und er ist sehr mächtig, aber keinesfalls gewalttätig.

Pubertät und Sexualtrieb

Mit der Pubertät, also inzwischen schon ab dem 11. Lebensjahr, beginnt im Körper die Sexualhormonproduktion. Eltern spüren das nun deutlich am veränderten Wesen ihrer Sprösslinge. Sie werden launisch, unausgeglichen, aufsässig, weinerlich, dann wieder himmelhoch jauchzend. Nicht nur die ersten Körperhaare sprießen, auch Pickel und Mitesser, ausgelöst durch den Hormonschub, gehören zum Leidwesen der Kids zum Spiegelbild.

Sie beginnen sich langsam von der Erwaschenenwelt loszulösen. Plötzlich werden die Kameraden und Freundinnen sehr wichtig. Die erste Clique von Gleichgesinnten und „Leidensgenossen" bildet sich. Zeitweise wird diese Gemeinschaft sogar wichtiger als die eigene Familie.

Die Kleidung wird zum elementaren Index und bestimmt praktisch den Rang in der Gruppe. „In" sein wird so wichtig, dass einige Jugendliche sogar bereit sind zu stehlen, wenn die Eltern sich die teure Jeans oder Schuhe nicht leisten können bzw. nicht wollen.

Die Erwachsenen unterschätzen die Bedeutung der Klamotten oft völlig, halten es für einen momentanen Tick und eine Unverschämtheit ihrer Kinder schlechthin.

Für die aber kommt es dem Weltuntergang gleich, nicht mit den Gleichaltrigen mithalten zu können, deshalb nicht akzeptiert oder gar ausgestoßen zu werden. Hier kommt das Herdentier Mensch wieder überdeutlich durch.

Genau wie die Urmenschen messen die heranwachsenden Jungen ihre Kräfte. Nur die Mittel sind heute angepasst. Es geht nicht mehr darum, wer der Kräftigere und Schnellste ist. Es geht darum, wer die hippesten Klamotten am Leib trägt, das neueste Computerspiel besitzt oder den schnelleren Roller fährt. Der nämlich hat die Macht, das Sagen und wird von der Gruppe akzeptiert.

In der Säugetierwelt finden wir genau das gleiche Verhalten. Junge Männchen bilden kleinere Gruppen und versuchen dort durch Kämpfe in der Hierarchie möglichst weit nach oben zu gelangen, um später das Recht zur Fortpflanzung zu bekommen.

Mädchen messen sich an ihrem Aussehen. Die Schuhabsätze werden höher, die Figur durch entsprechende Kleidung betont. Schminke steht plötzlich auf dem mütterlichen Einkaufszettel. Musste man die Kids bis vor kurzem noch ins Bad prügeln, so verlassen sie es inzwischen erst nach stundenlangem Betteln und unter Androhung von Strafen.

Deutliche Abgrenzung von der Erwachsenenwelt muss nun unbedingt nach außen sichtbar werden. Das geschieht beispielsweise durch die laxe Sprache und im Moment vorzugsweise auch durch Piercings oder Tattoes.

Man könnte seinen Söhnen und Töchtern jetzt nichts Schlimmeres antun, als ihnen diese deutliche Abgrenzung zu nehmen, indem man sich genauso kleidet und anfängt die gleiche Sprache zu sprechen. Womöglich Samstagabend in der Disco oder im Jugendhaus auftaucht oder sich ein Nasenpiercing stechen zu lassen.

Die Kinder durchlaufen diesen wichtigen Prozess der Abnabelung, und er gehört zur Entwicklung dazu wie das Entwöhnen von der Nuckelflasche.

Die Gruppenbildung und die Ausgrenzungen, im Grund auch das Anschnauzen der Eltern, sind evolutionäre Programmierungen, die nicht von unserem Bewusstsein gesteuert werden.

Diese Programmierungen laufen seit Tausenden von Jahren immer gleich ab, nur die Mittel und Umstände haben sich mit der Zivilisation und dem Fortschritt verändert.

Warum ich das alles erwähne? Um deutlich zu machen, welche Mechanismen sich im Verborgenen abspielen. Sie gehören zu unserem Alltag dazu, werden von uns akzeptiert wie sie sind, ohne unbedingt hinterfragt zu werden. Manchmal aber ist das Hinterfragen der Schlüssel zu einer Lösung. Alles, was ich so „nebenbei" erwähne, ge-hört zu unserem Grundproblem. Wir brauchen aber die Zusammenhänge um dies besser verstehen zu können.

Ich hätte im Grunde zwei DIN A 4 Seiten füllen können, um die Ursache der einschlafenden Leidenschaft erklären zu können. Aber ich bin sicher, sie wäre nicht verstanden worden.

In der Pubertät beginnt die Sexualität, das Interesse am anderen Geschlecht. Das Balzen und Kokketieren. Es ist eine aufregende und gleichzeitig schwierige Zeit. Im Grunde sind es die ersten Wechseljahre.

Wer erinnert sich nicht an die erste große Liebe. An das prickelnde Gefühl der tausend Schmetterlinge im Bauch, an diesen Rausch, der im Körper von den Hormonen ausgelöst wird.

Diese Gefühle sind mit die mächtigsten, die uns die Natur empfinden lässt, und dabei geht es ihr nur, wie gesagt, um unsere Fortpflanzung.

Die ersten Erfahrungen werden gemacht und Enttäuschungen verarbeitet. Das Kind wird zum Erwachsenen.

Haben wir später einen festen Partner gefunden, so ist das erste halbe Jahr sicherlich das aufregendste und gefühlschaotischste.

Die Wissenschaft hat festgestellt, dass im Zustand der Verliebtheit und dem ausgeschütteten Hormoncocktail im Blut viele andere Sinne einfach ausgeschaltet werden. Beide Geschlechter verlieren kurzzeitig den Blick für die Realität.

Das erklärt auch, warum man die negativen Eigenschaften des Partners anfangs regelrecht übersehen hat, weshalb sie keine Rolle spielten. Man nennt diesen Zustand schließlich auch „die Zeit der rosaroten Brille".

Erst wenn die ersten Schmetterlinge sanfter fliegen, beginnt der Blick wieder klarer zu werden, und die Schwächen und Fehler des anderen werden sichtbar. Zu diesem Zeitpunkt folgen die ersten Trennungen.

Besitzt man trotzdem genug Gemeinsamkeiten, beginnt das Gefühl von Vertrautheit und Liebe zu wachsen.

Im Bett wird es ruhiger, die große Leidenschaft ebbt etwas ab.

Als es noch keine Verhütung und Familienplanung gab, wuchs schon jetzt das erste Baby im Bauch der Ur-Mutter. Das erste von ganz vielen, die im Laufe eines Lebens ausgetragen wurden.

In den Urzeiten aber waren die Väter der einzelnen Kinder nicht dieselben. Es war sogar sehr wichtig, dass die Gene von unterschiedlichen Männchen weiter gegeben wurden. Denn die Spezies Mensch war nicht immer so weit verbreitet wie heute. Sie lebte in einer großen Welt mit wenigen Artgenossen. Die Verbände waren klein. Das Mischen unter den einzelnen Sippen eher selten. Hätte ein Austausch der Erzeuger damals *nicht* stattgefunden, wäre das Überleben der Menschheit sicher zum Scheitern verurteilt gewesen. Gen-Defekte, verursacht durch Inzucht, hätte die Menschheit mit jeder weiteren Generation dem sicheren Untergang nähergebracht.

Aber die Natur hat es clever gemacht. Sie gab den Menschen Programmierungen mit, die dies verhinderten.

Wie schon erwähnt, waren für die Weibchen die starken Männchen interessant. Schon damals waren es die Siegertypen, die kräftigen und überlegenen, die bei den Damen gut ankamen und die „Fortpflanzungs-Bereitschaft" bei ihnen auslösten.

Die natürliche Bedeutung des Orgasmus

Ein weiterer wichtiger Fakt darf nicht unerwähnt bleiben: Die „Weibchen" hatten damals schon Orgasmen beim Fortpflanzungsakt, auch wenn diese Fähigkeit den Frauen bis zum vorigen Jahrhundert abgesprochen wurde und in vielen Ländern bis heute abgesprochen wird.

Der weibliche Höhepunkt, so weiß man seit jüngster Zeit, ist für die erfolgreiche Befruchtung sogar sehr wichtig.

Englische Forscher haben tatsächlich einmal untersucht, was genau im Inneren der Frau während des Orgasmus passiert.

Dazu befestigten sie bei einem Mann eine Minikamera am Penis, die während der Penetration messerscharfe Aufnahmen vom Innenleben der Scheide machte.

Diese Kamera lieferte sensationelle Bilder. Sie zeigte, wie das Paar fast gemeinsam zum Höhepunkt kam. Der Samen schoss zuerst aus dem Glied des Mannes direkt vor den Muttermund. Als die Frau fast zeitgleich zum Höhepunkt kam, tauchte die kleine Öffnung des Muttermundes, am Ende der Scheideröhre, mit zuckenden Bewegungen in die Samenflüssigkeit und saugte sie regelrecht ein.

Der Samen wird also während des Orgasmus vom Muttermund *getrunken.*

Als ich diese Bilder zum ersten Mal sah, war ich fasziniert. So viele Fragen wurden jetzt beantwortet. Der unermüdliche Ehrgeiz des Mannes, seine Frau zum Höhepunkt zu bringen, erklärte sich hiermit für mich von selbst. Was ist die meist gestellte Frage von Männern nach dem Sex?

„Schatz, bist du gekommen, war es schön für dich?"

Frauen haben schon immer den Orgasmus vorgetäuscht, um den Mann mit einer positiven Antwort auf diese Frage zufrieden stellen zu können.

Diese Fähigkeit scheinen wir sogar mit der Muttermilch eingesogen zu haben.

An dieser Stelle erinnere ich nur an den Film „Harry and Sally" und die berühmte Szene, durch die Mac Ryan erst richtig bekannt wurde. Sie demonstrierte ihrem Freund ungeniert und mitten in einem vollbesetzten Restaurant, wie perfekt und undurchschaubar Frauen ihren Männern einen Superorgasmus vorstöhnen können.

Wir wollen mit dieser kleinen Lüge instinktiv den Liebsten nicht enttäuschen, ihn nicht verletzen, weil er sich ansonsten als Versager fühlen könnte. Ihm ist es doch so wichtig, dass er uns zufrieden stellen konnte.

Aber auch wir wollen vollwertig und „funktionstüchtig" sein.

Eigentlich wissen wir Frauen, dass Sex auch ohne Orgasmus schön ist. Trotzdem fühlen auch wir uns automatisch ein bisschen als kleine Versagerinnen, wenn „es" nicht geklappt hat. Eine rationale Erklärung gab es - bis zu dem weiter vorn erwähnten Film der englischen Forscher - für mich nicht.

Seit den Aufnahmen vom Innenleben der Frau weiß man nun, wie wichtig der Orgasmus für die *Fortpflanzung* ist. Durch das Einsaugen haben die Samenfäden natürlich die viel größere Chance, auch wirklich rechtzeitig auf eine Eizelle zu treffen um sie zu befruchten. Sie sparen sich jede Menge Zeit, Weg und Energie, die sie ohne diese Hilfe mehr aufwenden müssten.

Die Befruchtung steht und fällt nicht mit dem Orgasmus, das wissen wir, sonst wären alle Kinder Orgasmuskinder. Aber die erfolgreiche

Befruchtung wird *mit ihm* wesentlich erleichtert.

Was mich noch viel mehr fasziniert, ist unsere Gefühlswelt und unsere Verhaltensweisen, die durch die schlauen Mechanismen der Natur derart beeinflusst, ja sogar geleitet werden.

„Schatzi, bist du gekommen?"

Nun erkennen wir den *natürlichen* Grund dieser Frage und wissen warum die positive Antwort den fragenden Mann stolz macht, als hätte er gerade ganz alleine einen Krieg gewonnen.

„Ja Schatz", lautet meist die gehauchte Antwort, auch wenn wir Frauen eben *keinen* Orgasmus hatten.

Aber der Mann soll ein Held bleiben, und wir, unterschwellig, durch die zuckende Hilfe des Muttermundes, fruchtbarer.

So behält jeder seinen, von der Natur zugewiesenen Rang.

Moral

Mit der Erfindung der Anti-Baby-Pille, in den sechziger Jahren, änderte sich die Moralvorstellung in Deutschland drastisch. Schlagworte wie „Free love" und „Wer zweimal mit der gleichen pennt, gehört schon zum Establishment", läuteten in dieser Zeit die Wende ein.

Nun wurde langsam das öffentlich gelebt, was der Mensch schon immer im Geheimen tat. Man wechselte die Partner. Ehescheidungen wurden im Laufe der nächsten Jahre kein Problem mehr.

Bis dahin war es ein großes Drama und eine schwerwiegende, spurenhinterlassende Entscheidung, sich voneinander zu trennen. Geschieden zu sein galt als Makel und besonders Frauen hatten es bis vor wenigen Jahren ungleich schwerer, wieder einen neuen Partner zu finden.

40 Jahre später, also heute, wird fast jede zweite Ehe geschieden. Mehr als einmal zu heiraten gehört im 21. Jahrhundert zum Alltag. Patchwork-Families lösen die traditionellen Familien ab.

Männer wie Frauen leben ihre Triebe aus. Inzwischen schnitzen sich nicht nur die männlichen Mitmenschen Kerben für jede Eroberung in die Pistolenknäufe, sondern ganz selbstverständlich auch die Damen. Im Prinzip gehen wir mit diesem Verhalten zum ersten Mal seit einigen tausend Jahren wieder „back to the roots", also zurück zu den Wurzeln.

Vor allem wir Frauen tun es. Ein Trieb wurde uns zwar gerne abgesprochen, aber tatsächlich haben wir einen, und einen sehr mächtigen dazu.

Die afrikanischen Stämme wissen das, warum sonst beschneiden sie diese evolutionäre Programmierung bei den Mädchen auf diese grausame Weise. Auch in vielen islamischen Ländern müsste sich keine Frau bis unter die Haarwurzel in Tücher hüllen, gebe es den weiblichen Trieb eben nicht. Davon bin ich überzeugt, aber wie gesagt, *ich* bin davon überzeugt.

In der Natur haben die Frauen eine ganz klare und unmissverständliche Aufgabe: Sie sollen Kinder bekommen. Soviel, so gesund und stark wie nur möglich. Dieser Nachwuchs sichert schließlich das Überleben der Spezies Mensch, und das ist der wichtigste und elementarste Auftrag, der uns von der Natur mitgegeben wurde, und tatsächlich immer noch wird.

Dieser Auftrag ist mit den mächtigsten und schönsten Gefühlen belegt, die wir empfinden können: Liebe und verliebt sein.

Um Kinder zeugen zu können bedarf es nun mal der Paarung. Und um *viele* Kinder zu zeugen, häufiger Paarung. Um aber *überlebensfähige* Nachkommen zu zeugen, ist Sex mit vielen, starken Männern nötig, ... *und keinesfalls immer nur mit dem einen.*

Wir wollen weiterhin offen lassen, wer irgendwann einmal bestimmt hat, dass Frau und Mann zusammengehören, und zwar für immer.

Wir wollen offen lassen, woher die Monogamie kommt, warum sie eingeführt wurde, welche Absichten dahinter standen.

Wir wollen offen lassen, wann die Menschen begannen ihre Triebe zu unterdrücken und welchen Sinn das für wen hat.

Noch kurz erwähnt sei, dass in manchen Südseeinseln die ewige Treue etwas Unbekanntes ist. Dort kennt man zwar auch die Hochzeit, doch die Paare haben gleichermaßen das Recht, sich zur Erntezeit auch einmal mit einem anderen Partner zu vergnügen... und Erntezeit ist dort fast das ganze Jahr...

Die Schutzmechanismen der Evolution

Die Evolution hat uns im Laufe der Zeit mit vielen Schutzmechanismen ausgerüstet. Unsere Reflexe gehören dazu. Jeder kennt sie, aber niemand beachtet sie wirklich. Sie spielen sich nicht in unserem Bewusstsein ab. Wenn es zum Beispiel unmittelbar neben uns knallt und wir uns zu Tode erschrecken, werden zahlreiche Schutzmechanismen ausgelöst.

Einer der prägnantesten ist der Fluchttrieb. Adrenalin schießt ins Blut. Der Hormoncocktail, der sich aufgrund des Schrecks im Blut bildet, steigert die Herzfrequenz, durchblutet die Muskulatur und verbessert deren Funktion. Die Lungen werden belüftet. Die Hände gehen über den Kopf, um ihn zu schützen. Die Beine zucken und machen sich zur Flucht bereit. Das Schmerzempfinden wird kurzzeitig ausgeschaltet, auch der klare Verstand. Der Körper bereitet sich auf die eventuelle Gefahr und auf die Flucht vor. Erkennt das Gehirn nun, dass doch keine Gefahr im Anzug ist, werden die Mechanismen wieder rückgängig gemacht. Der Hormoncocktail wird abgebaut, die Herzfrequenz normalisiert sich wieder.

Oder: Streichen wir mit der Hand über ein Brett und machen dabei die unangenehme Bekanntschaft mit einem Splitter, wird der stechende Schmerz sofort und ohne Umweg über das Gehirn an das Rückenmark weitergeleitet. Die Hand wird automatisch zurückgezogen.

Biochemisch kann man nun wirklich alle Funktionen im Körper erklären. Ich aber möchte nicht so sehr ins Detail gehen. Mir ist wichtig, dass man den Körper in seiner Ganzheit betrachtet, versteht warum er etwas tut und welche Mechanismen greifen.

Im Grunde nutzt es nicht viel, wenn man weiß, dass der Fluchtreflex die Ausschüttung von Adrenalin, Noradrenalin, Cortisol, Corticosteron, und, und, und bewirkt.

Vielmehr ist es wichtig zu wissen, dass der Fluchtreflex dazu da ist, um unser Leben zu schützen. Dass die Natur uns damit ausgestattet hat, damit wir nicht wegen zu langem Nachdenken, ob wir nun fliehen sollen oder nicht, am Ende doch von einem Säbelzahntiger gefressen werden.

Zu unseren Schutzmechanismen gehört auch die Fähigkeit, Energie in Zellen einlagern zu können. Für schlechte Zeiten kann der Körper durch Horten von Fett Vorräte anlegen. So überlebte er in kargen Zeiten auch mal längere Hungerphasen, die es bis vor eigentlich kurzer Zeit noch überall auf der Welt gab. Heute kennen wir Hungersnöte nur noch aus dem Fernsehen, wenn dort völlig ausgemergelte Menschen in Afrika gezeigt werden. Unsere Großeltern haben solche Zeiten noch miterlebt. Viele der älteren Generationen wissen noch, wie man sich bei wirklichem Hunger fühlt.

In meinem Buch „Warum essen nicht dick macht", habe ich die Mechanismen der Evolution genau erklärt, und auch wie man sie umgehen kann. Schon deshalb möchte ich hier nicht weiter auf dieses Thema eingehen.

Wir bleiben bei den Sexualtrieben, vor allem dem weiblichen.

Hier hat der Körper eine Anzahl von Mechanismen geschaltet, um das Optimum herauszuholen. Für die Natur ist, wie wir wissen, das Optimum die erfolgreiche Fortpflanzung.

Starke, überlebensfähige Nachkommen sollen produziert werden.

Betrachten wir den Körper der Frau als Ganzes.

Die äußeren sexuellen Reize, die für die Fortpflanzung ausschlaggebend sind, wurden schon beschrieben. Auch die Reize des Mannes, auf die „Frau" reagiert.

Nun kommen wir zu der Frage, warum die Leidenschaft und somit das sexuelle Interesse der Frau auf ihren Mann nachlässt.

Würde es nur weniger werden und sich auf einem gewissen Level einpendeln, dann hätte ich dieses Buch niemals geschrieben. Aber es wird nicht nur schwächer, sondern stirbt eines Tages ganz.

Viele Frauen sprechen von einer regelrechten Sperre, die sie immer dann spüren, wenn der langjährige Partner zärtlich werden möchte.

Die Sperre

Kein Mann kann sich wirklich vorstellen, was in diesem Moment in der Frau vorgeht, wenn er Sex möchte - und sie nicht. Es geht nicht um eine momentane Unlust, sondern um die totale Verweigerung, um eine regelrechte Sperre.

Das Gefühl, dass die Frauen dabei empfinden, habe ich einmal so beschrieben.

„Stell dir vor, du stehst am Rande Klippe und dein Leben hängt davon ab, dass du hinunter springst. Unter dir siehst du Wellen an die Felswand brechen. Eine Stimme sagt dir ‚...spring...jetzt!' Du willst unbedingt springen, aber du kannst nicht..."

Wir gehen einmal vom Idealfall aus.

Ich meine damit von einer funktionierenden Partnerschaft, in der ansonsten ein hohes Maß an Harmonie und Verständnis herrscht.

Nehmen wir stellvertretend unser Ehepaar Heiko und Sabine. Stellvertretend für die vielen Geschichten, die ich im Laufe der Jahre zu hören bekam und die sich so sehr glichen.

Die ersten Monate waren ausgefüllt durch die Verliebtheit, durch Lust und Leidenschaft aufeinander.

Nun ist Routine in die Beziehung eingekehrt. Heiko und Sabine schlafen nicht mehr so häufig miteinander. Keiner hat ein Problem damit. Sie genießen die Zweisamkeit, das Kuscheln und dann zusammen einschlafen im Bett. Wenn sie Lust aufeinander verspüren, dann ist der großen Leidenschaft ein Gefühl von warmer Vertrautheit gewichen.

Zwei Jahre später haben sie auch erfolgreich den einen oder anderen Beziehungsstreit überwunden. Nun aber kommt es immer öfter vor, dass Sabine überhaupt keine Lust hat mit ihrem Mann zu schlafen. An manchen Tagen wollen selbst seine zärtlichen Berührungen die sexuelle Erregung einfach nicht auslösen. Sabine erklärt es mit Müdigkeit, dem Alltagsstress, dem letzten Streit, der Migräne oder ihrer Periode.

Heiko wird immer unzufriedener mit dieser Situation. Er vermisst seine leidenschaftliche, und immer bereite Frau. Für ihn gehören Liebe und Leidenschaft untrennbar zusammen. Die Abstände zwischen den erotischen Nächten sind ihm viel zu groß geworden. Auch vermisst er die spontanen Momente mit seiner Frau. Prickelnde Quickies gab es schon lange nicht mehr.

Wieder einmal hatte Sabine keinerlei Lust auf Sex, und das schon seit gut einer Woche. Heiko akzeptierte das grummelnd. Zwei Tage später bekam sie ihre Periode. Eine natürliche Auszeit für die nächsten fünf bis sechs Tage. Kurz bevor die Blutung für diesen Monat vorüber war, wurde Sabine krank. Eine Grippe fesselte sie für die nächste Woche ans Bett. Eine weitere Woche brauchte sie, um sich vollständig davon zu erholen.

Dann brach die Krankheit bei ihrem Zweijährigen aus. Eine Woche mit durchwachten Nächten folgte. In dieser Zeit aber steckte sich nun auch noch ihr Mann an.

Acht Tage ging es ihm richtig schlecht und an Liebe machen war nicht zu denken.

44 Tage ohne Sex. Sabine stellte überrascht fest, dass ihr nichts fehlte. Im Gegenteil. Ihr ging es sogar richtig gut! Kein schlechtes Gewissen, keinen grummelnden Ehemann, keinen Stress und keinen Frust.

Als Heiko wieder gesund wurde, war sein Verlangen groß. Überzeugt davon, dass es seiner Frau genauso gehen müsse, drückte er sich eines Nachts wieder an ihren warmen Körper. *„Eineinhalb Monate Schatzi, ich habe Lust auf dich"*, haucht er ihr zärtlich ins Ohr. Seine Hände umfassen ihre Brüste, wandern tiefer.

Sabine liegt auf dem Rücken. Sie schließt die Augen. Völlig irrwitzige Gedanken jagen ihr durch den Kopf. Gedanken wie: *Nun ist es vorbei mit der Ruhe... jetzt geht es wieder los... warum habe ich eigentlich keine Lust?... es ist doch so lange her... ich bin müde... das Wohnzimmer sollte wieder einmal renoviert werden... mein Gott, wenn du so einen Mist denkst, dann wird die Lust niemals kommen... Los, konzentriere dich, er ist doch so zärtlich... du liebst ihn doch, mach ihn glücklich...hat nicht gerade Kevin geschrieen?*

Und diesen letzten Gedanken spricht sie aus. *„Hat da nicht gerade Kevin geweint?* Bevor sie es verhindern kann, erstarrt Heiko in seiner Bewegung. Er horcht kurz auf, aber er weiß, dass niemand geschrieen hat. Sein Sohn liegt friedlich schlafend im Bettchen.

Die Stimmung ist fast weg, aber Heiko gibt noch nicht auf. *Über 40 Tage*, denkt er, *ich bin geil*, und Sabine muss es doch auch sein.

Dass dies eben nicht so ist, spürt er überdeutlich, als seine Hände zwischen ihren Beinen angekommen sind. Nichts regt sich, alles trocken. Er streichelt sie dort zärtlich, aber die gewünschte und früher so gewohnte Reaktion bleibt aus.

Mein Gott, 44 Tage und sie hat nicht die geringste Lust auf mich. Was ist los, mache ich irgendetwas falsch? Früher brauchte ich sie nur zu küssen, und sie fiel über mich her. Heute muss ich schon das ganze Programm fahren, und trotzdem passiert überhaupt nichts. Ist ihr mein Schwanz zu klein? Hat sie einen anderen Mann kennen gelernt?

Nun ist die Stimmung endgültig zerplatzt. Heiko dreht sich bitter enttäuscht auf die Seite.

Sabine bleibt auf dem Rücken liegen. Sie kann es selbst nicht verstehen. Ihr unerträglich schlechtes Gewissen meldet sich, hämmert in ihrem Gehirn und scheint zu brüllen: *Mein Gott, kannst du nicht einmal abschalten? Was machst du eigentlich? Du hast deinen Mann enttäuscht. Wenn du schon frigide geworden bist, dann tu wenigstens so als ob...spiel ihm etwas vor, eine Frau kann das doch!*

Ihre Hände wandern an Heikos Rücken hinunter. Tränen des Mitleids quellen aus ihren Augen. *„Hei Schatz, was ist los. Komm, dreh dich um, bitte. Sei nicht böse, ich dachte wirklich Kevin habe geweint. So sind wir Mütter eben, immer mit einem Ohr beim Nachwuchs."*

Heiko dreht sich um. Ihre Hände streicheln seine Brust, wandern nach unten. Heikos Lust ist schnell wieder geweckt.

Sabine küsst seinen Bauchnabel, wandert mit den Lippen immer weiter hinunter. Komisch denkt sie noch, früher habe ich das gerne getan, jetzt kostet es mich richtig Überwindung.

Die Finger ihrer rechten Hand gehen unauffällig in ihren Mund und dann schnell zwischen ihre Beine. Die Stelle wird nicht von alleine feucht, also hilft sie ein wenig nach.

Noch bevor Heiko sie dort wieder berühren kann, rutscht Sabine an ihm hoch, küsst ihn leidenschaftlich und führt sein erigiertes Glied ein. Jetzt kann auch sie den Sex genießen.

Danach liegt sie noch lange grübelnd wach. *Sex mit Heiko ist noch immer sehr schön, aber warum habe ich keine Lust mehr auf ihn? Gott sei Dank hat es heute noch geklappt. Nicht auszudenken, wenn Heiko nach so langer Zeit wieder ohne Sex hätte einschlafen müssen... Das nächste Mal werde ich die Initiative ergreifen. Ich werde ihn nach allen*

Regeln der Kunst verführen. Wäre doch gelacht, wenn nicht alles wieder so werden würde wie früher. Heiko ist ein toller Ehemann, ein zärtlicher Vater. Ich möchte mit ihm alt werden, und mit keinem anderen.

Mit diesen Gedanken schläft sie schließlich ein.

Doch es bleibt bei den guten Vorsätzen. Sabine empfindet einfach kein Verlangen. Ganz im Gegenteil. Es scheint eine unüberwindbare Sperre vorhanden zu sein. Ihre Gedanken schreien ja, ich will meinen Mann, aber ihr Körper ist ein einziges NEIN.

Dieser Widerspruch macht sie an manchen Tagen halb wahnsinnig.

Nachts träumt sie manchmal von anderen Männern. Das erschreckt sie noch viel mehr. In diesen Träumen kehren die leidenschaftlichen Gefühle zurück, die im wirklichen Leben verschwunden bleiben.

Sie fragt sich, ob sie ihren Mann wirklich liebt, aber sie kann diese Frage nur mit einem klaren ja beantworten. Warum aber träumt sie dann manchmal von Sex mit anderen Männern?

Das schlechte Gewissen verstärkt sich noch mehr, obwohl sie weiß, dass sie Heiko niemals betrügen würde. Trotzdem fühlt sie sich schuldig.

Sabine geht zu einem Arzt. Sie überwindet ihre Hemmungen und schildert dem Gynäkologen ihr Problem. Körperlich kann er nichts feststellen, und rät ihr mit einem Therapeuten zu sprechen.

Sabine ist einerseits beruhigt, dass es keine körperlichen Ursachen zu geben scheint, andererseits fragt sie sich nun, was in ihrem Leben passiert sein könnte, dass sie kein Interesse mehr an ihrem Mann hat.

Zu einem Therapeuten geht sie dann doch nicht. Sie weiß einfach, dass die Wurzeln nicht in ihrer Psyche zu suchen sind. Sonst hätte sie mit Sicherheit noch nie Freude am Sex gehabt. Aber so war es ja nicht, ganz im Gegenteil.

Sie erzählt ihrem Mann von dem Arztbesuch.

Heiko spürt dass es nicht an ihm liegt. Im Grunde seines Herzens weiß er, dass seine Frau ihn wirklich liebt, und er fühlt sich schuldig. Einerseits, weil er seine Frau unter Druck setzt, andererseits kann er den Gedanken nicht ertragen, ohne seine leidenschaftliche Frau leben zu müssen. Er braucht die körperliche Nähe zu Sabine, braucht den Sex mit ihr. Für ihn ist dies einer der wichtigsten Faktoren in der Beziehung. Er fühlt sich sonst zurückgesetzt, minderwertig, ungeliebt, auch wenn ihm der Verstand das Gegenteil sagt.

Beide versuchen, eine Lösung zu finden. Eines Abends bringt Heiko einen erotischen Film mit. Gemeinsam schauen sie den Streifen an. Und tatsächlich. Sabine lässt sich davon stimulieren. Ihre Erregung stellt sich wie in alten Zeiten ein. Als die beiden übereinander herfallen, ist die alte Leidenschaft geweckt. Der Gedanke, einen Film zu Hilfe zu nehmen, belastet die Beiden nur wenig. Sabine ist glücklich über die Wiederkehr der vermissten Gefühle und Heiko fühlt sich seit langem wieder begehrt.

Mit der Errungenschaft des kleinen Helferleins retten sich beide über die nächsten Monate.

Alle paar Tage bringt Heiko auf dem Nachhauseweg einen Film mit.

Aber Sabine beginnt sich irgendwann bei den Gedanken zu erwischen, dass sie sich ein bisschen benutzt fühlt. Sie schüttelte das aber schnell wieder ab, drängt die leisen Vorwürfe in die Tiefen ihres Gehirns. Aber sie finden immer wieder, und immer öfter den Weg nach oben.

Sie beginnt auf die Uhr zu schauen, wenn ihr Mann nach Hause kommt. War er wieder in der Videothek oder kam er heute ohne Porno nach Hause. Sie begann die Abende zu lieben, an denen Heiko mit leeren Händen heimgekehrte.

Sie begann diese Abende zu hassen, an denen Heiko mit einem Film in seiner Aktentasche nach Hause kam.

Nun passierte es auch immer öfter, dass sie die Pornos blöd fand. Manchmal, je nach Streifen, sogar ekelig.

Die Sperre war wieder da.

Sie begann erneut ihre Periode herbeizusehnen.

Oft erzählten mir Frauen und Männer eine ähnliche Geschichte.

Wie gesagt, ich rede jetzt von Ehen und Beziehungen, die ansonsten in Ordnung sind. Frauen, die zu Hause einen Tyrannen, Säufer oder Schläger auf dem Sofa sitzen haben, begründen ihre sexuelle Unlust problemlos und hinterfragen sie erst gar nicht.

Paare lassen sich sehr viel einfallen, um die Erotik zurück in die Beziehung zu bringen. Die Pornofilme bei unserem Ehepaar sind deshalb stellvertretend für Kamasutra-Bücher, Beate Uhses Sexspielzeuge und Erotikwäsche. Für all die Swinger-Clubs, die voll von Paaren sind, die einen Ausweg aus der eingeschlafenen Erotik suchen. Manche Paare spielen auch das „Kennenlern-Spiel".

Um wieder Schwung in die Beziehung zu bringen, treffen sie sich in einer Kneipe und tun so, also würden sie sich gerade erst kennen lernen. Sie geben sich einen Drink aus, flirten miteinander, tanzen eng umschlungen und holen sich die in Vergessenheit geratenen Schmetterlinge in den Bauch zurück. Im Prinzip machen sie genau das Richtige...

Wahr ist auch:

Das Rotlicht-Milieu lebt von frustrierten Ehemännern, die ihren Trieb bei anderen Frauen befriedigen. Fragt man die Prostituierten, *welche* Geschichten verheiratete Männer zu ihnen treibt, dann erzählen sie meist von der fehlenden Leidenschaft im Ehebett. Sie fühlen sich von den eigenen Frauen zurückgewiesen und ungeliebt.

In einer Stadt am Bodensee wurde ein Bordell direkt neben einer großen Firma eröffnet. Dass es in der Mittagspause den meisten Umsatz zu verzeichnen hat, spricht Bände. *Nach Feierabend* bräuchte jeder liierte Besucher eine hieb- und stichfeste Überstunden-Ausrede.

Frustrierte Ehemänner, leidenschaftslose Ehefrauen

Was hat sich die Natur nun dabei gedacht?

Natürliche Gründe

Zuerst einmal sollte man wirklich wissen, dass in der Natur nichts umsonst geschieht. Alles hat seine Begründung.

Wenn in einem Löwenrudel das dominante Männchen von einem stärkeren Löwen im Kampf vertrieben wird, so hat in diesem Moment die Natur dafür gesorgt, dass nun ein stärkeres Männchen seine Gene weiter geben wird. Sie perfektioniert diesen Mechanismus noch, indem der nun neue Haremsbesitzer alle Jungtiere, die noch von dem vorherigen Männchen stammen, tötet. Da die Löwinnen nun kinderlos sind, werden in ihren Körpern die Fortpflanzungshormone sofort wieder aktiviert und sie sind erneut zur Paarung bereit. Der stärkere Löwe kann sie nun befruchten und seine eigenen Jungen zeugen.

Für uns Menschen und unserem Verstand scheint das sehr grausam, für die Natur nicht. Sie möchte möglichst starke und überlebensfähige Spezies produzieren. Einzig aus diesem Grund wird der Trieb, die fremden Jungen zu töten, beim Löwenmännchen ausgelöst.

Und es gibt noch eine Steigerung. Eine Löwin wurde vielleicht kurz vor dem Kampf noch vom alten, dominanten Löwen besprungen. Geschieht dies unmittelbar danach mit dem neuen Männchen, dann werden *seine* Samen die noch vorhandenen Spermien der vorangegangenen Befruchtung abtöten.

Es ist faszinierend. Nichts wird dem Zufall überlassen.

Die Natur ist clever, und viele Dinge überlässt sie auch beim Menschen nicht dem Verstand, sondern den Trieben. Hunger gehört dazu, Durst, Liebe, Sexualität, Wut, Flucht, unsere Selbsterhaltung. Praktisch alles was dem Überleben dient, wird über unsere Triebe gesteuert.

Nun ist das Verhalten der Tiere und deren Triebe nicht eins zu eins auf uns Menschen übertragbar, sonst ginge es den Kindern aus erster Ehe sehr schlecht. Nein, so krass hat uns die Natur nicht ausgestattet, aber anders.

Als wir noch in kleinen Sippen und Verbänden lebten, existierte die Monogamie nicht. Es gab in jedem Verband ein starkes Männchen, das die Weibchen begattete. Der Unterschied zu unserem Löwenrudel: Dieses Vorrecht des Nachwuchszeugens verlor das Männchen automatisch.

Für das Überleben der Spezies Mensch war es bitter nötig, dass die empfindlichen Gene nicht durch Inzucht Schaden nahmen. In so kleinen Verbänden aber wäre irgendwann jeder mit jedem verwandt gewesen, und zwar im 1. Grad. Wir wären garantiert ausgestorben.

Um das zu verhindern, baute die Natur einen cleveren Schutzmechanismus bei den Weibchen ein.

Ihr Trieb

Jeder Trieb beinhaltet einen Auftrag.

Der Nahrungstrieb sorgt dafür dass wir essen.

Der Selbsterhaltungstrieb sorgt für unser Überleben.

Der Nestbautrieb lässt uns Häuser und Unterkünfte bauen.

Der Fortpflanzungstrieb sorgt dafür, dass wir Nachwuchs produzieren.

Dieser wichtigste aller Triebe hat bei den Männchen und Weibchen zwar dasselbe Ziel, aber mit sehr unterschiedlichen Aufträgen.

Der Fortpflanzungstrieb des Mannes beinhaltet:

Vermehre dich so oft du kannst. Streue deinen Samen und somit deine Gene in alle Richtungen. Zeuge im Laufe deines Lebens soviel Nachwuchs, wie möglich.

Hier erklärt sich auch, warum ein Harem immer aus einem Männchen und vielen Weibchen besteht, und nicht umgekehrt.

Die Weibchen können in ihrem Leben immer nur eine kleine Anzahl Kinder produzieren, die Männchen theoretisch unendlich viele.

Ein Mann bleibt bis ins hohe Alter zeugungsfähig, die Frau dagegen nicht. Irgendwann ist Schluss. Deshalb *muss* sie auch eine genaue Väter-Auswahl treffen.

Im 21. Jahrhundert schieben die Wechseljahre einen Riegel vor die Fruchtbarkeit, bei unseren Urfrauen war es der Tod. Sie wurden erst gar nicht so alt, dass sie die Wechseljahre erreichen konnten. Sie gebaren spätestens alle zwei bis drei Jahre ein Kind. Das Nahrungsangebot war nicht im Entferntesten so gut wie heute. Es gab weder Medizin noch Verhütung. Jede Geburt war lebensgefährlich.

Von der Evolution waren die Wechseljahre genauso wenig vorgesehen wie die monatliche Blutung. Die Ur-Frau war entweder schwanger oder sie stillte ihr Kind. Stillen aber verhinderte die Monatsblutung und war damit eine natürliche Empfängnisverhütung. Solange die Mütter damals ihre Babys säugten, wären sie kaum in der Lage gewesen ein zweites Kind zu versorgen.

War das Kind nicht mehr abhängig von der Muttermilch, konnte somit von der Gruppe mitversorgt werden, sorgte ihr Trieb dafür, dass sie wieder paarungsbereit wurde. Dieser Trieb aber hat einen anderen Auftrag und wurde deshalb mit einem Schutzmechanismus versehen.

Der weibliche Trieb sagt:

Gebähre so viele starke und überlebensfähige Nachkommen wie möglich -

ABER NICHT MIT DEM SELBEN MANN - .

Zeuge also keine direkten Geschwister, keine Verwandten 1. Grades, die sich nachher untereinander paaren und so *durch Inzucht die biologische Art „Mensch" aussterben lassen.*

ZEUGE DEINE KINDER MIT MÖGLICHST VIELEN UNTERSCHIEDLICHEN MÄNNERN

Die Paarungsbereitschaft mit dem Vater der anderen Kinder wurde auf natürlichem Weg gesteuert und von Hormonen einfach unterbunden.

Die Frau reagierte sexuell nicht mehr auf seine Signale. Ihr Körper verweigerte den Akt mit demselben Mann, um der Gefahr von späterer Inzucht aus dem Weg zu gehen. Wir reden von dieser viel umschriebenen Sperre, die nicht greifbar, aber vorhanden ist, *wenn seine Hand am Sonntagmorgen unter die Bettdecke gleitet.*

ZEUGE DEINE KINDER MIT STARKEN MÄNNERN, DIE STARKE GENE WEITERGEBEN

Ein anderes Männchen wird der Favorit. Jetzt kommen die Hormone wieder in Wallung, Verliebtheits-Gefühle werden ausgelöst, Lust auf Paarung explodiert förmlich.

Zurück in unsere Zeit

Jede Frau, die schon einmal fremdgegangen ist, oder sich während ihrer langjährigen Beziehung auch „nur" in einen anderen Mann verliebt hat, kennt diese Explosion der Hormone in ihrem Körper.

Die Gefühle fahren Karussell. Der Wunsch mit dem anderen Mann zu schlafen wird übermächtig. Der Sex, wenn er dann tatsächlich stattfindet, grandios.

Auch wenn man den langjährigen Partner liebt, aber der Sex mit ihm ist mit dem Geliebten nicht zu vergleichen, selbst wenn der nicht halb so viele Techniken beherrscht, wie der Ehemann oder Partner zu Hause.

Mit ihm hat man diese Gefühle der Leidenschaft schon lange nicht mehr empfunden.

Der Verstand hebt vorwurfsvoll den Moral-Zeigefinger.

Er möchte nicht, dass wir fremdgehen, schließlich ist es verwerflich, eine Sünde, unmoralisch, verlogen, verachtenswert.

Der Körper aber schreit danach. Der Hormoncocktail, der jetzt ausgeschüttet wird, macht regelrecht süchtig. Die uralte und mächtige Programmierung, versucht zu ihrem Recht zu kommen. Viele überlebensfähige Nachkommen mit vielen unterschiedlichen und starken Männern zu zeugen.

Frauen, welche diese moralische Hemmschwelle einmal überwunden haben und fremdgehen, tun es oft immer und immer wieder. Sie sind wie Fallschirmspringer, die süchtig nach Adrenalin werden. Die körpereigenen Hormone wirken wie Drogen.

In Wirklichkeit aber werden sie von ihrem Trieb geleitet, der keine Moral und keine Monogamie kennt. Er kennt nur die effektive Fortpflanzung, die von der Evolution mit starken Gefühlen belegt wurde. Und das seit Urzeiten und lange bevor sich unser Gehirn derart entwickelt hatte.

Wo aber sind diese Hormone beim Beischlaf mit dem eigenen Mann oder Partner? Warum kocht hier das Blut nicht (mehr)? Weshalb wird Sex eher zur Pflicht, verbunden mit Überwindung, dass das Verantwortungsgefühl mit sich bringt?

Wo sind die leidenschaftlichen Gefühle geblieben, die doch am Anfang der Partnerschaft genauso vorhanden waren, wie jetzt mit dem Liebhaber?

Nun, die Natur hat sie einfach abgeschaltet.

Sie möchte schlicht und ergreifend nicht, dass wir Nachwuchs mit dem gleichen Partner zeugen. Nicht mehr und nicht weniger. Welches Dilemma, welche Krisen damit ausgelöst werden, ist der Evolution egal. *Ihr* wichtigster Auftrag ist die effektive Vermehrung und somit Erhaltung der Art.

Zwei Jahre, genau die Stillzeit unserer Vorfahren. Zwei Jahre, weil die Frau dann wieder eine Schwangerschaft austragen könnte.

Zwei Jahre, von diesem Zeitraum sprachen die meisten Frauen. Nach zwei Jahren war die Leidenschaft erloschen.

Nach zwei Jahren baute sich diese Sperre auf. Diese Mauer, die zu verhindern versucht, dass man mit dem Partner schläft.

Sie schaltet aber nach ca. zwei Jahren die Hormone auch bei Frauen ab, die noch gar keine Kinder geboren haben.

Für diese Leidenschafts-Sperre gibt es eine Bezeichnung.

Eine der Frauen die ich sehr gut kenne, war mit ihrem Problem bei einer Therapeutin. Die Therapeutin diagnostizierte bei ihr eine *„inzestuöse Hemmung"*

Der Name macht makaberen Sinn. In ihm steckt das Wort Inzucht.

Inzestuöse Hemmung

Welch ein kleines Wort für eine riesige Bedeutung. Welch eine lapidare Bezeichnung für ein Volksproblem, für die Ursache von Streits und schlechte Gewissen, für Zermürbungen, Zerrüttungen und Minderwertigkeitskomplexe.

Was für eine kleine Bezeichnung für den Fluch der Frauen, ständig mit einem schlechten Gewissen leben zu müssen.

Diese Bezeichnung sagt nichts anderes, als dass ihr Körper, den Körper ihres Mannes, wie den des Bruders betrachtet.

Jeder, der Geschwister hat weiß, dass man auf diese keine sexuelle Lust verspürt.

Das verhindert die Natur erfolgreich mit dem Mechanismus, Inzucht zu vermeiden.

Und mag der große Bruder noch so hübsch und gut gebaut sein, die Schwester wird nie das Bedürfnis verspüren mit ihm zu schlafen.

Natürlich gibt es auch hier, wie überall Ausnahmen. Ich möchte aber lieber bei der Regel bleiben.

Und in der Regel machen Geschwister keinen Sex miteinander, kommen auch nicht auf die Idee, mal abgesehen von Doktorspielchen in der Kindheit.

Inzestuöse Hemmung.

Man liebt den Partner nach wie vor, man möchte mit ihm alt werden, die Kinder großziehen und Enkelkinder haben, aber der Körper reagiert wie auf einen Bruder, mit sexuellem Stillschweigen.

Was für ein Dilemma!

Die Natur, also die evolutionäre Entwicklung weiß schlichtweg noch nichts von unserem Fortschritt. Sie geht noch immer davon aus, dass wir in kleinen Sippen und Verbänden leben. Für sie besteht nach wie vor die Gefahr, dass die Spezies Mensch durch Inzucht ausgerottet wird.

Der Natur größter Auftrag aber ist, die Rasse Mensch am Leben zu erhalten.

Bis sie in ihrer Entwicklung soweit ist, dass sie erkennt, mit diesem Irrtum ein unglaubliches Dilemma ausgelöst zu haben, werden noch viele hunderttausend Jahre ins Land gehen.

Die Evolution ist sehr langsam. Sie trennt sich nur sehr zögerlich von erfolgreichen Mechanismen. Da sie in anderen Zeiteinheiten rechnet, bedeuten „zögerlich" - viele tausend Jahre.

Wäre die Evolution schneller, dann hätten wir zum Beispiel keine Fettzellen mehr, weil in Europa auch kein Hunger mehr herrscht.

Wäre die Evolution schneller, hätten wir Hintern, geformt wie die Schreibtischstühle, damit wir bequemer sitzen.

Wäre die Evolution schneller, dann wären *alle* Australier schwarz, wie die Ureinwohner des Kontinents. Sie würden nicht mehr, weil ihre Ahnen ursprünglich aus dem sonnenarmen England kommen, reihenweise an Hautkrebs sterben.

Wäre die Evolution schneller, dann wären die ehemals verschleppten Sklaven in Amerika nicht mehr schwarz, sondern weiß, weil sie nicht mehr im sonnigen Afrika leben.

Wäre die Evolution schneller, dann würden Frauen ein Leben lang die Lust auf ihre Ehemänner behalten, denn die Gefahr von Inzucht ist bei den heutigen Menschenmassen und der vielfältigen Auswahl überhaupt nicht mehr gegeben.

Aber die Evolution ist nicht schnell.

Die Eigenschaft, nur langsam ihre Mechanismen zu verändern, hat sich über Millionen Jahre bewährt und eine Artenvielfalt an Tieren und Pflanzen gedeihen und überleben lassen.

Warum soll sie also ihre erfolgreiche Methode verändern? Nur weil wir - nach ihrer Zeitrechnung - seit einem Wimpernschlag nicht mehr in kleinen Verbänden leben, nicht mehr ständig Gefahren und widrigen Lebensbedingungen ausgesetzt sind?

Nur weil wir mit unserem Verstand die Monogamie eingeführt haben und es als unmoralisch gilt, wenn Frauen mit verschiedenen Männern Kinder zeugen?

Nein, wäre die Evolution schneller, dann hätte sie uns schon längst das Hungergefühl abgeschafft, denn mit dem gleichen Verstand wissen wir schon seit langer Zeit, dass wir essen *müssen,* damit wir nicht verhungern.

Wir werden ihre Schutzmechanismen behalten, soviel ist sicher. Wie lange, vermag niemand auszurechnen.

Und warum verspüren Männer diese Sperre nicht? Warum bleibt bei ihnen die Lust auf die Frau?

Weil keine Inzuchtgefahr gegeben ist. Ein Mann kann viele Kinder zeugen. Monogamie gibt es für die Evolution nicht. Er braucht keinen Schutzmechanismus, denn er kann seine Samen streuen wohin er möchte.

Die Frau aber *muss* eine genaue Auswahl treffen. Die Anzahl der Kinder, die sie bekommen kann, ist schließlich begrenzt.

Heute hält den Mann die, von Menschen geschaffene Moral von seinem Trieb ab. Wenn Samen in alle Richtungen gestreut werden, so geschieht das in den meisten Ländern im Verborgenen.

Das Todesurteil?!

Diese Theorie klingt, genau genommen, wie das Todesurteil der ehelichen Erotik.

Wenn die Natur diesen Mechanismus nach zwei Jahren schaltet, sind wir dem dann auf Gedeih und Verderb ausgeliefert? Oder gibt es eine Möglichkeit, ihn wieder abzudrehen? Können wir Menschen, die wir auf den Mond fliegen, Krankheiten besiegen, für alles Mögliche Pillen und Pülverchen erfinden, ein Medikament gegen diesen Mechanismus entwickeln? Alles lässt sich schließlich erforschen und biochemisch erklären.

Wenn das geht, warum ist dann noch keines auf dem Markt?

Nun meine Theorie dazu.

Ein Medikament, dass in die Sexualität gravierend eingreift, hat ja schon Furore auf dem Markt gemacht: Viagra.

Viagra ist die Rettung aller Männer, die an Erektionsstörung leiden und mit diesem Handicap keinen Sex mehr haben können. Viagra lässt erschlaffte Glieder durch die medikamentöse Durchblutungsförderung wieder ihren Mann stehen.

Eigentlich „leiden" Frauen an nichts anderem.

Ich jedenfalls würde es auch als Erektionsstörung bezeichnen, wenn die Berührungen der Partner keine erotischen Reaktionen mehr hervorrufen.

Warum also gibt es nicht schon längst „Viagra" für die Frau?

Ich kann das nur so erklären:

Männer in allen Teilen der Erdkugel haben schon immer jede Menge Geld für Pülverchen und Mittelchen ausgegeben, die ihre Manneskraft erhält oder zurück bringt. Sie sind bereit, die exotischsten Aphrodisiaka zu schlucken, auch wenn sie aus Tiger- oder Ziegenbock-Hoden gewonnen werden.

Fast ausgestorbene Tiere werden weiter niedergemetzelt, Hörner, Hoden oder andere Körperteile zu geheimnisvollen Pülverchen und Tropfen verarbeitet, nur weil Mann hofft, es könne seiner Potenz hilfreich sein.

Das ist keine Frage von Intelligenz oder Naivität, sondern auch von Traditionen.

Japanische Manager, die Großkonzerne leiten, scheuen sich nicht, auf dem Markt bei einem Runzelmännchen allerlei Zauber für die Manneskraft zu erstehen.

Männer, die unter Erektionsstörungen leiden, erzählen es zwar nicht in der Weltgeschichte herum, *aber sie gehen zum Arzt.*

Der Leidensdruck, zum Beischlaf nicht mehr fähig zu sein, lässt die sonst eigentlich eher arztscheuen Genossen mit diesem Problem Hilfe beim Doktor suchen.

Die Natur hat den männlichen Sexualtrieb wesentlich mächtiger ausgestattet, als den weiblichen. *Er* kann, gäbe es die Moral nicht, viele Kinder im Jahr zeugen, die Frau nicht.

Sex ist für Männer genauso elementar wie das atmen.

Diese Tatsache aber ruft die Pharmaindustrie auf den Plan. Hier gibt es schließlich jede Menge Geld zu verdienen. Die Entwicklung von Viagra war eine Sensation, vergleichbar mit der Erfindung der Anti-Baby-Pille.

Das Medikament hat nach der Einführung auf dem Markt in einer atemberaubenden Geschwindigkeit seinen Siegeszug um die Welt angetreten und wird inzwischen auf dem Schwarzmarkt wie Drogen gehandelt. Unmengen Profit wird mit dieser blauen Kapsel gemacht.

Aber warum gibt es nicht schon längst „Viagra" für die Frau? Schließlich ist die sexuelle Unlust bei ihnen mindestens genauso weit verbreitet wie die Erektionsstörungen bei Männern.

Nun, ich bin der Meinung, dass dieses Phänomen, gerade weil es totgeschwiegen wird, gar nicht erforscht wird.

Ich behaupte weiter, dass die weibliche Unfähigkeit, Spaß am Sex mit dem Partner zu haben, von Ärzten eher auf ein Kopf- als auf ein körperliches Problem zurückgeführt wird. Organisch ist schließlich nichts zu finden.

Frauen, wenn sie überhaupt den Arzt konsultieren, werden untersucht und ohne Diagnose wieder nach Hause entlassen. Vielleicht noch mit dem guten Rat, zu einem Therapeuten zu gehen.

Dass es keine psychische Ursache geben kann, sagt *mir* allein die Logik. Sonst müssten alle Frauen, die mir in den vielen Jahren meiner Arbeit begegneten, psychisch gestört sein. Sie erzählten mir immer und immer wieder die gleichen Geschichten. Das kann doch keine Massenhysterie sein.

Ich bin sicher, es ist ein hormonelles Problem. Ich glaube, dass die Natur bestimmte Sexualhormone nach einer gewissen Zeit mit demselben Partner einfach nicht mehr, oder anders produziert, und damit diesen uralten Mechanismus schaltet, Inzucht zu vermeiden.

Vor nicht allzu langer Zeit habe ich im Internet einen Artikel gefunden. Die Uni Hannover hatte kürzlich untersucht, welche Hormone sich im Blut befinden, wenn Männer und Frauen sexuell erregt sind

Dazu mussten die Probanten einen Pornofilm anschauen und dabei masturbieren.

Das Ergebnis:

„Besonders auffällig war die Ausschüttung des als Milchbildungs-hormon bekannten Prolaktins. ‚Das ist eine neue Erkenntnis', be-stätigte der Studienleiter Hartmann, ‚aber leider wissen wir sehr wenig über die Wirkungen von Prolaktin beim Sex.' Wahrscheinlich hat Prolaktin eine Art Doppelfunktion: Es ist zunächst in Erregungs-hormon, das für den Orgasmus wichtig ist, aber wenn die Kon-zentration sehr hoch ist, könnte es einen *Abschaltmechanismus für die Erregung in Gang setzen*. Das würde auch die so genannte Refraktärzeit erklären, denn vor allem bei Männern dauert es einige Zeit, bis sie erneut sexuell erregbar sind. Prolaktin dürfte im Gehirn wahrscheinlich über den Botenstoff Dopamin wirken: Dopamin – auch das ist eine neuere Erkenntnis – ist einer der entscheidenden Botenstoffe für Lust und Befriedigung. ‚Die Ergebnisse werfen viele neue Fragen auf', freute sich Studienleiter Hartmann. Zum Beispiel: Was geschieht, wenn man Probanden Prolaktin-Hemmer gibt? Kommt es zu keiner hohen Erregung? Oder sinkt zum Beispiel die Refrak-tärzeit?"

Soweit die Untersuchung der Uni Hannover. Wenn man das nun weiter spinnt:

Nehmen wir jetzt nur einmal an, allein das Hormon Prolaktin wäre für die Erregbarkeit der Frau verantwortlich.

Nun nehmen wir weiter an, die Vermutung würde bestätigt, dass dieses Hormon, ab einer bestimmten Konzentration im Blut, die Erre-gung wieder abflachen lässt.

Dann könnte das auch durchaus „unser" weibliches Hormon sein, das für das *sexuelle Schweigen, für diese Sperre* verantwortlich zu sprechen ist.

Sicher ist jedenfalls, Vorgänge im Körper lassen sich biochemisch nachweisen.

Verliebte haben einen hohen Dopamin-Spiegel im Blut. Es wirkt als Botenstoff auf das sogenannte Belohnungszentrum im Gehirn. So entsteht das euphorische Gefühl der Schmetterlinge.

Bei großem Stress findet man Adrenalin und Cortisol im Blut. Man weiß, was bei Zuckerkranken mit dem Insulin schief läuft, kann Schwangerschaften sehr früh im Blut nachweisen, Schilddrüsen-Probleme erkennen, Hormonschwankungen in den Wechseljahren usw. ...

Nun, es wäre sicher sehr interessant, wenn die Wissenschaft in dem Moment das Blut von Frauen untersucht, die gerade von ihrem langjährigen Partner gestreichelt werden.

Um so herauszufinden, wo der *hormonelle* Unterschied liegt, wenn die Frau von einer „frischen Liebe" gestreichelt wird.

Ich bin ganz sicher, dass man einen hormonellen Unterschied feststellen würde.

Wenn dieses Hormon, das ab einer gewissen Konzentration im Blut die sexuelle Erregung verhindert, nun isoliert werden könnte, dann wäre es wahrscheinlich möglich, eine Art Gegen-Pille zu entwickeln, die das wieder ausgleicht.

Man könnte so der Evolution ein Schnippchen schlagen.

Eine Pille für die Frau – wie Viagra für den Mann, nur auf der Basis eines Hormons.

Mit der Anti-Baby-Pille wird schließlich nichts anderes getan, als dem Körper eine Schwangerschaft zu simulieren. So kann sich keine weitere Eizelle entwickeln und befruchtet werden.

Nun braucht man also ein Hormonpräparat, dass der Natur einen frisch kennen gelernten Liebhaber vorgaukelt und sie vergessen lässt, dass es sich eigentlich um den Ehepartner handelt.

Würde es sich tatsächlich um die *Überproduktion* des Hormons Prolaktin handeln, so müsste ein „Hemmer" entwickelt werden, der die Überproduktion eben verhindert.

Das sind die Gedanken eines Laien. Wie gesagt, ich bin kein Mediziner und kein Pharmazeut.

Um aber die Pharmaindustrie auf den Plan zu rufen, müsste dieses Erregungsproblem der Frau erste einmal bekannter werden. Das passiert aber nicht, solange es totgeschwiegen wird.

Solange Frauen nicht zum Arzt gehen - und wenn doch, solange es die Ärzte als „Kopfsache" bezeichnen, und ihre Patientinnen in eine Therapie schicken, bleibt das Problem unerkannt. Hier hat die Pillen-Lösung keine Chance. Aber: Wo keine Nachfrage, da auch kein Angebot.

Vielleicht irre ich mich auch, und die Wissenschaft ist schon fleißig dabei, die Sache zu untersuchen. Vielleicht stehen sie ja sogar kurz vor einer Lösung.

Um ehrlich zu sein, ich habe in diese Richtung nicht weitergeforscht. Es hätte auch wenig Sinn, denn kein Pharmazeut wird Lena Bredow etwas über die aktuellen Forschungsprojekte erzählen.

Die natürlichen Lösungen

Wenn ich nicht sicher wäre, dass allein das Wissen schon ungemein weiterhilft, dann wäre ich nach der Trennung von Axel nie wieder eine feste Beziehung eingegangen.

Meine Ehe mit Axel ist an diesem Problem zerbrochen. Ihr zuliebe begann ich damals zu recherchieren. Ich habe alles Erdenkliche getan, um unser Problem zu lösen. Vergebens.

. Als ich Jahre vor der Trennung herausfand, woher diese Unlust, ja diese Sperre kam, war ich einerseits glücklich und andererseits todtraurig. .

Glücklich, weil ich wusste, es lag weder an mir, noch an meinem Mann. Traurig, weil ich keine Lösung in Form eines Schalters mitliefern konnte.

Ich habe nächtelang mit Axel darüber gesprochen. Wir haben diskutiert, geschwiegen, gelacht und am Ende blieb alles beim Alten. Axel konnte nicht anders, als meine sexuelle Unlust persönlich zu nehmen. Er war *mir* böse, und nicht der Evolution. Er warf mir vor, nichts dagegen zu unternehmen.

Aber was sollte ich denn unternehmen. Ich hatte mich jahrelang mit diesem Thema beschäftigt, unendlich viele Gespräche geführt, gelesen, geforscht und zusammengezählt. Ich konnte doch die Evolution trotzdem nicht einfach ausschalten.

Heute weiß ich, dass mein Mann mit der Schuldzuweisung, die er weiterhin betrieb, den Tod unserer Ehe erst richtig einläutete.

Eines Tages hatte ich die Nase voll von versteckten und offenen Vorwürfen. Ich wollte dieses schlechte Gewissen nicht mehr zulassen, dass sich trotz aller Erkenntnisse und Gespräche wieder einschlich. In seiner Nähe fühlte ich mich wie eine halbe Frau. Wie eine Amputierte, der ein wichtiger Körperteil fehlt.

Ich wollte auch den Gedanken nicht ertragen müssen, dass Axel den Rest seines Lebens ohne eine leidenschaftliche Frau auskommen musste. Ich liebte ihn und konnte ihn deshalb nicht leiden sehen.

Heute, drei Jahre nach unserer Trennung wird mir bewusst, die Ehe scheiterte, weil er nicht bereit war, mich als Schuldige freizusprechen und ich deshalb den Respekt vor ihm verlor.

Als ich mich von Axel trennte, war es das Schwerste, was ich je in meinem Leben getan habe. Aber wir hatten keine Chance mehr.

Trotzdem bin ich sicher, dass andere Ehepaare eine ganz große Chance haben. Dass man sich nicht mit den Tatsachen abfinden muss, nicht abfinden darf. Das Zauberwort heißt: erst einmal wissen. Und dann reden.

Nichts totschweigen, sich offenbaren, keine Vorwürfe machen, wo es keine zu machen gibt.

Und schlussendlich dadurch den Respekt voreinander zu behalten.

Der Respekt ist gleichzeitig die Lösung. Denn Respekt bedeutet Achtung. Empfindet eine Frau Achtung für ihren Mann, dann wird er für sie das stärkste Männchen bleiben.

Das geht aber nur, wenn die zermürbenden und haltlosen Schuldzuweisungen aufhören. Wenn Männer begreifen, dass sie die fehlende Leidenschaft nicht persönlich nehmen müssen.

<u>Und deshalb zunächst der Appell an alle Männer:</u>

Glaubt euren Frauen, dass sie euch lieben. Versucht das Wort Liebe und Leidenschaft auseinander zu dividieren. Das eine hat in unserem Fall mit dem anderen nichts zu tun.

Es ist ein Irrtum der Evolution, dass sie die Leidenschaft einschlafen lässt, und es liegt nicht an euren Liebeskünsten. Es liegt nicht an euren Körpern, nicht an eurem Charme. Es ist vielmehr ein Mechanismus, der uralt und einfach von der Natur noch nicht auf den neuesten Stand gebracht und den neuen Gegebenheiten angepasst wurde.

Respektiert eure Frauen, hört auf, sie mit Vorwürfen zu belegen, dann werden sie denen Respekt zu euch wieder zurückgewinnen.

<u>Und dann der Appell an alle Frauen:</u>

Sucht nicht die Schuld bei euch. Ihr werdet sie nicht finden. Sprecht mit euren Männern, denn ich vermute, dass dieses Buch mehr von Frauen gelesen wird.

Legt die zermürbenden Gedanken ab und seid euch sicher, es gibt keinen wirklichen Schuldigen.

Seid euch auch sicher, und das gilt für beide Geschlechter, bei einem neuen Partner wird das gleiche Phänomen auftreten, und ist die Leidenschaft am Anfang auch noch so groß.

Wenn jemand die ewigen Schmetterlinge sucht, so wird er das vergeblich tun. Wird von einem Partner zum nächsten flattern, immer auf der Suche nach dem großen Glück.

Wenn man eine neue Beziehung eingeht, dann ist das Wissen um die evolutionären Mechanismen die größte Chance. Mit diesem Wissen kann man Missverständnisse schon am Anfang im Keim ersticken. Man kann sich so viele Vorwürfe, Ausreden, Zorn, Trauer und Frust ersparen. Das aber wird bewirken, dass der Respekt bleibt, und die Leidenschaft eben nicht den ewigen Tod stirbt. Letztendlich ist doch stille oder offene Wut der Tod der Beziehung, und nicht der fehlende, nächtliche Sex.

Das Verlieren des Respekts vor dem anderen aber kann keine Basis für die ewige Liebe mehr sein und die Beziehung zerstören.

Schauen wir uns die Evolution noch einmal an, und schlagen wir ihr ein *natürliches* Schnippchen.

Der weibliche Körper reagiert auf Macht und Stärke.

Wir Frauen verlieben uns in Männer, die in unseren Augen etwas Besonderes haben. Die sich von der Masse abheben, vielleicht besonders schöne Augen oder Hände besitzen, die außerordentlich humorvoll sind oder fürsorglich.

Die Hormone kommen in Wallung, Frau ist verliebt und paarungsbereit.

Wenn dann die ersten Schmetterlinge sanfter fliegen, der Blick wieder klarer wir, versucht unser Mechanismus immer mehr die negativen Eigenschaften beim Partner zu finden.

Die aber empfanden wir in der Zeit des Verliebseins als gar nicht so schlimm. Vielleicht sogar als liebenswert.

Im ersten Jahr schmunzelte Frau über seine kleinen Schusseligkeiten. Die regelmäßig vergessenen Geburtstage und das ewige Verlegen des Hausschlüssels, über die liegengelassene Socken und die offene Zahnpastatube im Bad.

Irgendwann aber beginnt Frau diese Vergesslichkeit aufzuregen. Immer mehr dieser - schon von Anfang an da gewesenen – Eigenschaften bringen sie nun auf die Palme. Frust entsteht.

Vielleicht tauchen jetzt schon die ersten Fragen auf, ob *er* denn wirklich der Richtige ist.

Das einstmals starke Männchen wird in den Augen des Weibchens langsam schwächer.

An dieser Stelle ist es wichtig, den Verstand einzuschalten.

Jeder, der schon mehr als eine langjährige Beziehung hinter sich hat, weiß, dass diese Dinge immer wieder kehren. Dass es das ewige Verliebtsein nicht gibt, und dass man einfach lernen muss, über vermeintliche Schwächen des Partners hinwegzusehen. Hängt man sich an ihnen auf, so werden sie die Beschleunigungsrampe der einschlafenden Leidenschaft sein.

Hier tun wir der Evolution einen großen Gefallen. Sie ist es die uns suggeriert, dass das geliebte Männchen nur noch Schwächen hat. Wenn es nach ihr ginge, dann würde Frau es alle zwei Jahre austauschen.

Also müssen wir es mit unserer Intelligenz schaffen, der Evolution und ihren Mechanismen zu beweisen, dass unser Männchen das stärkste, schönste und begehrenswerteste ist.

Ich habe mit einigen, älteren Ehepaaren gesprochen, die jenseits der Vierzig den Sprung in eine neue Beziehung gewagt hatte. Dort blieb die Leidenschaft tatsächlich erhalten.

Unbewusst taten sie genau das Richtige.

Eine der Frauen beschrieb es mit folgenden Worten:

„Ich bin nicht mehr wie früher, als ich die Männer nach meinen Wünschen formen wollte. Ich habe nicht mehr den Ehrgeiz zu erziehen, ihnen Eigenschaften ab- oder anzugewöhnen. Ich bin wesentlich gelassener geworden und habe gelernt, die Dinge an dem Mann zu schätzen, in die ich mich am Anfang verliebt habe. Über seine Schwächen schaue ich hinweg. Ich versuche ihn nicht zu ändern weil ich aus Erfahrung weiß, es wird mir sowieso niemals gelingen.

Und damit tut sie nichts anderes, als ihrem Mann den Status zu bewahren, den er am Anfang, in der Zeit der Schmetterlinge, innehatte.

Der starke und begehrenswerte Genträger für sie zu sein.

Es bleibt mir nur noch anzufügen, dass ich mit all den Ergebnissen meiner Recherchen auch den Sprung in eine weitere Beziehung gewagt habe.

Ich rede viel mit meinem Partner.

Er hatte diese gleichen, schmerzlichen Erfahrungen in seinen vorigen Beziehungen immer und immer wieder gemacht.

In Heiko erkannte er sich wieder.

Deshalb war und ist er sehr offen für meine Theorie, und genau das wird unsere Chance sein...

der Evolution ein Schnippchen zu schlagen.

Ich nehme gern dein Feedback, liebe Leserin, lieber Leser entgegen, ich bin interessiert an Erfahrungsberichten, die mit der Thematik dieses Buches zu tun haben und ich beantworte auch gern Anfragen an mich. Nutzt dafür bitte meine E-Mail-Adresse:

info@fett-weg.biz

oder besucht mich auf meiner Homepage

www.fett-weg.biz,

wo auch ein Forum zur Verfügung steht.

Meine Bücher sind übrigens bestellbar auf meiner oben erwähnten Homepage, in jeder guten Buchhandlung, im Internet, zum Beispiel bei „Amazon" oder direkt beim Verlag:

ASUG Verlag
Postfach 100 111
63001 Offenbach am Main
(Fax: 069 / 83007356)

Ein weiteres erfolgreiches Buch der Autorin:

Warum essen nicht dick macht: Für immer schlank / Bredow, Lena. ASUG-Verlag, Offenbach, 2003. ISBN 3-934594-14-X

Dieses Buch wurde für alle Übergewichtigen geschrieben, die genug haben von unzähligen Diätversuchen und bereit sind, einen völlig neuen Weg zu gehen. Essen heißt das Zauberwort des Buches und zu wissen, wann und warum der Körper Fett einlagert und wie man ihn dazu bringen kann, seinen überflüssigen Ballast wieder abzugeben. Unser Organismus ist eine von der Evolution perfekt ausgerüstete Überlebensmaschine. Sie gilt es zu verstehen, um dann ihre Zahnräder in die richtige Richtung zu drehen: Vom Fett einlagern zum Fett verbrennen.

Das einzige, was die Autorin verbietet sind Hunger und Diäten. Ihre Losung lautet: Nicht essen macht dick!

Weitere ausgewählte Bücher aus dem ASUG-Verlag:

Richtig Geld verdienen im strukturierten Direktvertrieb? Was man über MLM, Networkmarketing, Kontaktmarketing, „ethischen Verkauf" wissen sollte / Mühlhäuser, Alfred H.; Marsberg, 2001; 160 S.; ISBN 3-934594-00-X

Sie wollen nebenberuflich Geld verdienen und haben gehört von den sagenhaft klingenden Möglichkeiten im Multi-Level-Marketing (MLM) oder Networkmarketing? Sie wissen nicht, ob Sie diesen Aussagen trauen können und ob Sie sich im MLM engagieren sollten?
Mit diesem Ratgeber erhalten Sie eine Entscheidungshilfe für die Klärung der Frage, ob es sinnvoll ist, als Händler oder Führungskraft in diesem Bereich tätig zu werden, Geld und Zeit zu investieren.

Mallorca: Hölle oder Paradies? Das Schicksal der Monika O. Tatsachenroman / Bley, Wulf; Marsberg, 2002; 160 Seiten. ISBN 3-934594-07-7

Mallorca: Von der „Hausfraueninsel" zum Ferienparadies und Rückzugsort für finanzielle Erfolgreiche. So hat sich das Image der Insel in den letzten Jahrzehnten gewandelt. Vielen erscheint diese Insel als Paradies. Nicht zu Unrecht, wenn man es geschafft hat oder schon mit viel Geld nach Mallorca kam.
Aber auch das ist Mallorca: Auf der Ferieninsel platzen zunehmend die Träume von Aussteigern und Ruheständlern vom unbeschwerten Leben unter südlicher Sonne. Mehr als tausend Deutsche bitten jedes Jahr die Behörden um Hilfe bei der Rückkehr in die Heimat. Oft fehlt ihnen sogar das Geld für den Rückflug. Und manche Menschen erleben sogar die Hölle, anstatt des erhofften Paradieses. Lesen sie das bewegende Schicksal der Monika O., die mit ihrer Familie auszog, um auf Mallorca das Glück zu finden.

Die Bücher sind bestellbar im Buchhandel und direkt beim Verlag:

ASUG Verlag
Postfach 100 111
63001 Offenbach

Für Ihre Notizen